Vorhänge und Rollos
selbst genäht

30 neue Ideen
Schritt für Schritt erklärt

Gail Abbott · Cate Burren

Vorhänge und Rollos selbst genäht

30 neue Ideen Schritt für Schritt erklärt

Weltbild

Titel der Originalausgabe: *So Simple Window Style*
Zuerst veröffentlicht 2005 in Großbritannien von Cico Books Ltd, 32 Great Sutton Street, London EC1V 0NB

Deutsche Erstausgabe

Übersetzung ins Deutsche: Dr. Beate Herting, Leipzig
Koordination und Bearbeitung der deutschen Ausgabe:
NEUMANN & NÜRNBERGER NAUNHOF GmbH
Umschlaggestaltung: Atelier Lehmacher, Friedberg (Bay.)
Redaktion der englischen Originalausgabe: Gilian Haslam, Jane Bolsover
Fotografien: Mark Scott
Schritt-für-Schritt-Fotografien: Alicia Clarke, Rachel Whiting

Gesamtherstellung: Neografia, a.s. printing house, Skultetyho 1, SK-03655 Martin
Printed in Slovakia

ISBN 3-8289-2494-8

Inhalt

Einführung

Raumgestalter sollen ihren Kunden dabei helfen, einem Zimmer ein neues Gesicht zu geben, einem neuen Haus Leben einzuhauchen und Charakter zu verleihen oder ein altes Haus zu modernisieren. In jedem dieser Fälle ist man gut beraten, sich die Fenster genau anzuschauen, die Architektur des Raumes zu beachten und Stoffe und Gestaltungsvarianten zu wählen, die dem Lebensstil der Hausbewohner entsprechen. Keine andere Maßnahme verändert die Wirkung eines Raumes so entscheidend wie ein neues Kleid für die Fenster.

Ein schlichter, in Weiß gehaltener Raum kann ganz verschieden wirken, je nachdem, welcher Stoff und welches Design für die Fensterdekoration gewählt werden. Sie bevorzugen eine minimalistische, moderne Gestaltung? Dann bietet sich ein schlichtes Raffrollo an, das einen interessanten Farbakzent setzt. Sie wollen es lieber romantisch und feminin? Dann sollten Sie bis auf den Boden fallende Vorhänge anbringen und mit Raffhaltern weich drapieren. Sie sind eher der traditionelle, klassische Typ? Dann wählen Sie elegante Vorhänge mit Futter und vielen Falten.

Welche Vorstellungen Sie auch immer haben, dieses Buch kann Ihnen helfen, sie umzusetzen. Es steckt voller Ideen für alle Räume eines Hauses oder einer Wohnung, vom Badezimmer bis zum Wohnzimmer. Wenn Sie noch nie Vorhänge oder Rollos angefertigt haben, finden Sie am Ende des Buches Informationen über alle grundlegenden Arbeitstechniken, die Sie für die Umsetzung der einfachen Schritt-für-Schritt-Anleitungen im Projektteil brauchen. Oft sind die einfachsten Dekorationen die wirkungsvollsten, etwa die Schleifen-Vorhänge auf S. 22 oder das legere Raffrollo auf S. 144. Beide sind ganz leicht nachzuarbeiten und

Gegenüberliegende Seite Diese Fensternische lädt zum Ausruhen und Entspannen ein. Eingerahmt wird das Ganze von der gepolsterten Sitzbank und der wattierten Blende (Anleitung s. S. 170). Das kleine Fenster wurde statt mit Vorhängen mit einem einfachen gefütterten Wickelrollo (Anleitung s. S. 148) dekoriert.

Oben Es wäre doch schade, wenn dieses wunderschöne ovale Fenster von Vorhängen verdeckt würde. Für die Dekoration wurde eine Bahn reine Seide mit Pomponborte versehen und locker über zwei Vorhanghalter aus Holz gelegt. Die Beschreibung finden Sie auf S. 120.

daher ideal für Unerfahrene. Für „Nähmuffel" gibt es auch schnell umzusetzende Ideen ganz ohne Näharbeiten. Befestigen Sie einfach eine Stoffbahn mit Clips an einer dünnen Stange oder schlingen Sie eine Musselinbahn um eine dickere Stange, und schon haben Sie eine unkomplizierte Dekoration, die in Minutenschnelle fertig ist.

Wenn Sie schon Erfahrung mit dem Nähen von Fensterdekorationen haben, können Sie sich an die etwas aufwändigeren Projekte wagen, die Ihnen bestimmt viel Freude bereiten werden und auf die Sie dann zu Recht stolz sein können. Eines dieser Projekte ist die wattierte Blende auf S. 170, vielleicht wird das ja Ihr Lieblingsstück. Oder Sie versuchen sich an den Vorhängen mit Bordüre auf S. 44, einem Projekt, das etwas mehr Näherfahrung verlangt. Dieses Buch bietet Ideen für alle, unabhängig von den Fertigkeiten und vom Geldbeutel. Suchen Sie sich einfach die Variante aus, die zu Ihnen passt, und stürzen Sie sich ins Vergnügen.

Gegenüberliegende Seite Für eine Terrassentür empfehlen sich lange gefütterte Vorhänge, die im Winter vor Luftzug schützen. Damit beide Seiten des Vorhangs ansprechend aussehen, wurde für das Futter hier ein hübscher rot-weißer Baumwolldrell verwendet. Das Projekt finden Sie auf S. 30.

ANREGUNGEN

Vorbemerkung

Wenn wir neue Kunden das erste Mal besuchen, stellen wir oft fest, dass sie sich ein bisschen unbehaglich fühlen, wenn sich jemand in ihrem Haus umsieht. Vielleicht fürchten sie, dass wir Designer ihnen nun die gerade angesagten Möbel „verordnen" oder sie überreden wollen, teure Stoffe zu kaufen und aufwändige Dekorationen fertigen zu lassen.

Was uns Raumgestalter tatsächlich interessiert, sind Aufschlüsse darüber, wie unsere Kunden leben. Gehören kleine Kinder zur Familie? Gibt es Haustiere? In beiden Fällen müssen Dekorationen verwendet werden, die sich gut reinigen lassen, z. B. strapazierfähige Vorhänge aus waschbarer Baumwolle. Haben unsere Kunden oft Gäste? Das könnte bedeuten, dass das Esszimmer vorrangig abends genutzt wird und deshalb z. B. luxuriöse Seidenvorhänge, die bis auf den Boden fallen, vertragen würde. Ist das Wohnzimmer ein Raum, den die Erwachsenen kinderfrei halten wollen, wenn es einen Extra-Raum zum Fernsehen oder Spielen in der Familie gibt? In diesem Fall könnte man gleichermaßen elegante und behagliche Materialien wie Wolle oder Leinen wählen. Erst wenn wir uns das ganze Haus angeschaut und von der Familie erfahren haben, wie sie darin lebt, fangen wir an, über die konkrete Gestaltung nachzudenken.

Was ist Ihr Stil?

Als nächstes schauen wir uns den Baustil an. Handelt es sich um ein neues Haus mit klaren Linien und großen Fenstern, ein älteres Haus mit niedrigen Räumen und kleinen Fenstern oder ein herrschaftliches Zimmer mit imposantem Kamin, Stuck und eleganten raumhohen Fenstern? Der Stil der Fenster selbst ist sehr wichtig für die Gestaltung, man muss jedoch noch einen weiteren Punkt berücksichtigen: den persönlichen Stil.

Wenn Sie sich Ihres eigenen Stils nicht sicher sind, schauen Sie sich am besten einmal die Dinge an, die Sie behalten wollen. Nehmen Sie das, worauf Sie auch im neuen Zimmer nicht verzichten wollen, als Ausgangspunkt. Die Farben in einem zwar leicht verblichenen, aber heiß geliebten Perserteppich zum Beispiel. Ein bequemes Sofa im klassischen Stil. Einen alten Spiegel mit vergoldetem Rahmen. Ein modernes Gemälde oder Ihre Lieblingsgrafik.

Diese Dinge geben Ihnen die Richtung vor. Lassen Sie sich davon leiten, wenn Sie Farben, Stoffe und Entwürfe für die Fensterdekoration in Ihrem Zuhause auswählen.

Gestaltungsmöglichkeiten

Eine einheitliche Gestaltung der Zimmer ist ein wichtiger Wohlfühl-Faktor. Sie gibt Ihnen das gute Gefühl, dass alles zusammen passt, ohne übertrieben durchgestylt zu wirken. So können Sie sich in Ihrem Heim wirklich zu Hause fühlen.

Der Dekorationsstil kann an den Baustil angepasst werden, zwingend notwendig ist das jedoch nicht. Man kann in einem alten Haus im traditionellen Stil klare zeitgemäße Akzente setzen, z. B. mit schlichten Rollos, Ösen-Vorhängen oder Strukturgewebe. Genauso gut kann man in einem geradlinigen Haus ohne besondere bauliche Merkmale ein bisschen üppiger dekorieren; ein Wickelrollo unter einem Bogen aus weichem Musselin, der über eine Holzstange drapiert ist, oder ein auffälliger Querbehang zu bodenlangen Vorhangschals. Informieren Sie sich in einschlägigen Zeitschriften über verschiedene Wohntrends, wenn Sie noch nicht sicher sind, was Ihnen gefällt. Nehmen Sie die Seiten mit Ihren Lieblingsdekorationen als Inspiration mit, wenn Sie nach Wandfarben, Dekostoffen und Accessoires schauen. Wenn Sie Ihre Wahl getroffen haben, sollte diese alle nachfolgenden Entscheidungen bestimmen. Lassen Sie sich also nicht zu Spontankäufen verleiten.

Modern

Sie sind der Meinung, dass ein modernes Design am besten zu Ihrem Lebensstil und zur Architektur Ihres Hauses passt? Dann sollten Sie bei Möbeln und Fensterdekoration einfache, klare Linien anstreben. Wählen Sie eckige Polstermöbel und kräftig getönte Stoffe als Kontrast zu Cremetönen. Für die Fenster eignen sich mit Clips befestigte Vorhänge, Faltrollos im klassischen Streifenmuster oder Ösen-Vorhänge an einer Stange aus gebürs-

Rechts Moderner Stil – Dieser Raum in einem alten Haus mit Schiebefenstern erhält durch die blau gestreiften Faltrollos einen modernen Look. Die schlichten Rollos betonen die Schnörkellosigkeit der Fenster und setzen einen Farbakzent in dem ansonsten in Weiß gehaltenen Zimmer.

Oben Landhausstil – In diesem Esszimmer im Landhausstil sind die Fenster mit langen, drapierten Vorhängen mit Blütenmuster dekoriert. Die Innenkante dieser Vorhänge könnte sogar noch mit einer schmalen Rüsche oder einer Pomponborte verziert werden.

tetem Stahl. Ergänzen Sie das Ganze mit modernen Accessoires in schönem Design, z. B. geradlinigen Lampen mit Metallfuß und schlichtem Schirm oder einfachen gerahmten Schwarz-Weiß-Fotografien. Für die nötige Struktur kann z. B. ein dicker Naturteppich sorgen.

Landhaus

Das kleine Blumenmuster ist von jeher der Inbegriff des Landhausstils. Setzen Sie solcherart gemusterte Stoffe ruhig großzügig ein, z. B. für Vorhänge mit traditionellen Raffhaltern. Kombinieren Sie Stoffe mit ähnlichen Druckdessins in unterschiedlichen Farbstellungen. Bei den Möbeln können Sie ebenfalls mixen, aber auch alles aufeinander abstimmen. Präsentieren Sie Sammlerstücke aus Dekorporzellan. Der neueste Trend beim Landhausstil heißt „Weniger ist mehr", halten Sie also Wände und Möbel in Cremetönen und lassen Sie vor allem die Fenster sprechen.

Oben Traditioneller Stil – Dieses Schlafzimmer ist im traditionellen Stil gehalten. Die Vorhänge an den raumhohen Fenstern und die Kissen auf dem Bett sind mit Rosen bedruckt. Die schlichte gestreifte Tapete und viel frisches Weiß sorgen dafür, dass das Ganze nicht altmodisch und überladen wirkt.

Traditionell

Hier werden klassische, formale Stoffe wie Damast und Brokat bevorzugt. Die Möbel sind schwer und zeigen Anklänge an das Design des 18. und 19. Jahrhunderts. Kombinieren Sie diesen Stil mit vielen hellen, neutralen Tönen, damit er nicht altbacken wirkt. Hängen Sie alte Drucke an die Wände und statten Sie Betten und Sofas mit weichen Überwürfen und vielen einladenden Kissen aus. Lassen Sie sich davon leiten, dass alles sehr behaglich sein soll.

Romantisch

Damit liegen Sie richtig, wenn Sie einen leichten, luftigen Stil und helle Farben bevorzugen, die einen kleinen Raum viel größer erscheinen lassen. Beginnen Sie mit hellen, gestrichenen Möbeln, dazu kommen dekorative Leuchter

und Spiegel. Zu diesem Look passt auch ein gestrichener Dielenfußboden sehr gut. Der Stil ist feminin und versprüht einen Hauch von Glamour. Wählen Sie Pastelltöne wie Flieder, Rosa und Hellblau. Als krönenden Abschluss können Sie Lampenschirme, Kissen und Vorhänge mit Perlenborte verzieren.

Skandinavisch

Die Elemente dieses Stils sind schlicht – gestrichene Möbel, Holzfußböden und unkomplizierte Vorhangstoffe, z. B. karierte oder leicht transparente Materialien. Denken Sie immer daran, dass dieser Stil seinen Ursprung in Nordeuropa hat, wo die Tage im Winter kurz sind. Es ist also wichtig, so viel Licht wie möglich in die Räume zu lassen. Für einen wahrhaft nordischen Look sollten Sie Farben wie Grau, sanftes Blau und Cremeweiß wählen und unaufwändig gearbeitete Vorhänge an schmiedeeisernen Stangen befestigen.

Links Romantischer Stil – Schlichte Faltrollos, die man oft in modern gestalteten Räumen findet, wirken romantisch und feminin, wenn ein zarter Stoff verwendet wird.

Ideen

Wenn Sie sich für die Stilrichtung entschieden haben, die zu Ihrem Heim und Lebensstil passt, und ein Thema gefunden haben, das Ihre Möbel und Lieblingsstücke richtig zur Geltung bringt, können Sie dieses Buches als Inspirationsquelle nutzen.

Denken Sie daran, dass die Wahl des Stoffes und der Accessoires entscheidend ist für das Endergebnis. Die konkreten Designs können durchaus auch variiert werden. So wirkt ein klassischer Faltenbund bei einem Vorhang aus handgewebtem Ethnostoff sachlich und modern, während er bei rosafarbenem Chintz eine völlig andere Wirkung hat. Ein anderer Stoff, ein kurzer statt eines langen Vorhangs oder die Verzierung eines schlichten Rollos mit Perlenborte oder Quasten – und schon ist Ihre ganz persönliche Vorstellung Realität. Schauen Sie sich Litzen, Borten und andere

Oben Skandinavischer Stil – In diesem Esszimmer im schwedischen Stil hängen helle karierte Vorhänge an einer dünnen Stange, die zum schmiedeeisernen Deckenleuchter passt. Der Steinfußboden betont die Nüchternheit des Raums, die gepolsterten Stühle mildern sie wieder etwas ab.

Verzierungen an, um sich inspirieren zu lassen. Gehen Sie auf Flohmärkte oder in Antiquitätengeschäfte, um Ausschau nach alten Leinenbettlaken zu halten. Zu ungefütterten Vorhängen umgearbeitet, geben sie Ihrem Haus eine ganz besondere Note. Am besten kommen sie zur Geltung, wenn das Licht durch das handgewebte Material fällt.

Proportionen

Vorhänge und Rollos erzielen den größtmöglichen Effekt, wenn dadurch die Proportionen der Fenster verändert werden. Es ist ein alter Trick, ein kleines Fenster dadurch breiter wirken zu lassen, dass man bodenlange Vorhangschals an einer Stange aufhängt, die seitlich weit über das Fenster hinausragt und es so optisch breiter erscheinen lässt. Wenn die Stange weit oben an der Wand angebracht wird, wirkt das Fenster höher.

Bei einem Fenster, das zu hoch für einen kleinen Raum ist, können die Proportionen mit einer breiten Vorhangblende oder einem Querbehang verbessert werden. Dadurch ist weniger vom Fenster sichtbar. Schmaler erscheint ein Fenster, wenn die Vorhänge oben in der Mitte verbunden und unten mit Raffhaltern auseinander genommen werden. Wenn es in einer Wand Fenster verschiedener Größe gibt, empfiehlt sich eine lange Stange mit einheitlichen Vorhängen über alle Fenster. Der völlige Verzicht auf Vorhänge führt zu einer erstaunlichen optischen Vergrößerung eines Raumes. An den Wänden steht mehr Platz zur Verfügung und das Licht kann ungehindert in den Raum gelangen. Als Sichtschutz bieten sich in diesem Fall einfache Rollos an.

Praktisches

Bei der Fensterdekoration geht es um mehr als Stoffe und Farben. Sie sollten auch die praktischen Erwägungen nicht vergessen. Brauchen Sie Vorhänge zum Schutz vor Luftzug oder als Sichtschutz? Haben Sie eine wunderschöne

Oben links Dieses einfache Faltrollo bezieht seinen Reiz aus dem Stoff in zwei Farben und der dekorativen Fransenborte.

Oben Eine Klasse für sich: Dieses in einem zarten floralen Muster gehaltene Rollo wurde mit Perlen verziert, die das Licht einfangen.

Links Dieses hohe Schiebefenster wirkt mit den üppigen Vorhängen, die bis auf den Boden fallen, wahrhaft majestätisch. Die Vorhänge wurden sehr weit oben angebracht und verdecken auch seitlich nur wenig vom Fenster, das so viel größer erscheint.

Aussicht, die nicht beeinträchtigt werden soll? Oder gibt es draußen etwas Hässliches, das Sie lieber nicht sehen wollen? Manchmal ist ein Fenster selbst so schön, dass es Frevel wäre, es zu verdecken. Wenn es der Schutz der Privatsphäre erlaubt, sollte es also bleiben, wie es ist. Problemfenstern kann man oft mit anderen Mitteln als Vorhängen zu Leibe rücken. Ersetzen Sie z. B. das einfache Glas in einem kleinen runden Fenster durch Dekorglas oder bringen Sie an einem hohen schmalen Fenster Glasböden an, auf denen dekorative Flaschen o. Ä. ihren Platz finden.

Links Diese Fenster wurden im 19. Jahrhundert für einen Gießereibesitzer gefertigt. Die Bögen bestehen aus Gusseisen. Den besonderen Akzent setzen die Oberlichter aus Buntglas.

Unten Eine Fensternische eignet sich hervorragend zum Aufstellen von Sammlerstücken. Diese Kerzenständer aus blauem Glas spielen mit den Sonnenstrahlen, die darauf fallen. Das Fenster ist zu klein für einen Vorhang und die Hausbesitzer können es gut für ihre Sammlung nutzen.

Oben Der Heizkörper unter dem Fenster wird von einer einfachen Abdeckung aus Holzlatten verdeckt. Ein Wickelrollo sorgt für Sichtschutz. Die locker fallenden Vorhangschals an den Seiten sind nur Dekoration.

Heizkörper

Ein unter dem Fenster angebrachter Heizkörper stellt oft ein Problem für die Fensterdekoration dar. In einem solchen Fall sind schwere Vorhänge zum Zuziehen absolut ungeeignet, weil sie die Ausbreitung der Wärme in das Zimmer verhindern. Bleiben die Vorhänge offen, bieten sie abends keinen Sichtschutz. Sie können das Problem z. B. mit einem einfachen Rollo und langen Vorhangschals an beiden Seiten lösen. Der Heizkörper selbst kann eine Abdeckung erhalten, auf der Sie hübsche Kleinigkeiten aufstellen können.

Licht

Transparente Vorhänge am Fenster filtern das einfallende Licht, was jedes Zimmer sanfter und romantischer wirken lässt. Verzichten Sie auf schwere Vorhänge und verwenden Sie schlichte Stoffe wie Musselin. Sie müssen nicht reinweiß sein. Rosafarbene Vorhänge sorgen in einem in Weiß gehaltenen Zimmer für einen rosigen Hauch, während glänzender meergrüner Organza an einem heißen Sommertag kühlend wirkt.

Sichtschutz

Das ist eine der wichtigsten Funktionen von Fensterdekorationen, vor allem abends, wenn das Licht angeschaltet ist und Passanten in das Haus hineinsehen können. Sichtschutz muss nicht auf Kosten des Lichteinfalls gehen. Oft werden semi-transparente Stoffe verwendet, es gibt aber auch andere, vielleicht sogar bessere Möglichkeiten, unerwünschten Blicken vorzubeugen. Gute Alternativen sind Jalousien und Rollos. Geeignet sind auch Kaffeehausgardinen, die mit modernen Stangen und Clips ganz einfach aufzuhängen und auch wieder zu entfernen sind.

Oben Ungefütterte Vorhänge lassen viel Licht in ein Zimmer. Sie sind nicht so durchsichtig wie reiner weißer Musselin, bieten aber guten Sichtschutz.

Links Reiner weißer Musselin am Fenster filtert das Licht. Dadurch wirkt jedes Zimmer romantisch. Hier wird diese Wirkung durch den Musselinvorhang über dem Bett noch verstärkt.

Oben Kombinieren Sie einen preiswerteren Stoff mit einem, der mehr kostet. Diese einfachen gefütterten Vorhänge haben an der Innenseite eine Kante aus geblümtem Stoff. Durch Umschlagen wird ein Hauch von Muster sichtbar.

Links Oft reicht schon eine Kaffeehausgardine für den Sichtschutz aus, hier in einem Schlafzimmer. Es fällt noch genug Licht ins Zimmer, aber Sie können sich unbesorgt darin bewegen.

Stoffe

Die großzügige Verwendung preiswerterer Stoffe ist der Fertigung dürftiger Vorhänge aus teuren Materialien immer vorzuziehen. Wenn Sie sich in ein Muster verlieben, der Preis des Stoffes aber Ihr Budget sprengt, können Sie ihn vielleicht wenigstens als Kante an preiswerte Vorhangschals anbringen. Oder Sie machen daraus ein Wickelrollo, für das vergleichsweise wenig Stoff nötig ist. Einfache Karostoffe sind nicht sehr teuer und sehen in den meisten Räumen phantastisch aus. Wenn Ihr Budget nicht sehr groß ist, können Sie auch preiswerte Kleiderstoffe verwenden – sogar farbiger Futterstoff kann toll aussehen, wenn er ein bisschen aufgepeppt wird, z. B. mit einer Borte oder einer Kontrastblende.

Ist der Stoff waschbar, müssen Sie ihn vor dem Zuschneiden das erste Mal waschen, da vor allem Baumwollstoffe stark eingehen können. Schwerere Stoffe sollten Sie vor dem Zuschneiden reinigen lassen, damit sie die Form nicht verlieren.

Luxuriöse Stoffe wie Seide können sehr teuer sein. Denken Sie daran, dass Naturseide ausbleicht und sogar zersetzt wird, wenn sie hellem Sonnenlicht ungeschützt ausgesetzt ist. Ein einfacher Trick ist das Einfassen farbiger mit weißer oder naturweißer Seide, die nur minimal ausbleicht. Versehen Sie Seidenvorhänge immer mit einem Futter, zusätzlich können Sie dahinter reflektierende oder UV-Schutz-Rollos anbringen.

Wie Ihr Stil und Ihre Vorlieben auch immer aussehen, das vorliegende Buch kann Ihnen Anregungen für die Fensterdekoration geben. Es gibt zwar für jedes Projekt einen Farb- und Materialvorschlag, Sie können aber Stoff, Farbe, Vorhanglänge oder Verzierungen ganz nach Belieben variieren. Spielen Sie mit Ideen, seien Sie kreativ und machen Sie das Beste aus Ihren Fenstern. Ein einladendes Zuhause, das Ihren Lebensstil widerspiegelt, wird Sie belohnen.

VORHÄNGE

Schleifen-Vorhänge

Diese Vorhänge mit Schleifen-Aufhängung sind ganz einfach zu nähen. Wir haben sie aus altem französischem Leinen gearbeitet. Gut geeignet sind auch alte Leinenbettlaken, die Sie im Antiquitätengeschäft finden können. Der leicht unregelmäßige handgewebte Stoff filtert das Licht und bildet einen weichen Kontrast zum Faltrollo am Fenster (die Anleitung dafür finden Sie auf S. 138). Sie können für diese Vorhänge aber jeglichen Baumwoll- oder Leinenstoff verwenden, sie sehen immer gut aus.

MATERIAL

- Dekostoff oder alte Leinenbettlaken – Maße s. rechte Seite
- passendes Nähgarn

STOFFBEDARF

- Messen Sie Ihr Fenster, um zu wissen, wie breit und lang die fertigen Vorhänge sein müssen (s. S. 186). Rechnen Sie bei der Länge 10 cm Saumzugabe für unten und 1,5 cm Nahtzugabe für oben zu.
- Damit Vorhänge mit dieser Aufhängung die nötige Fülle aufweisen, sollten sie eineinhalbmal so breit wie das Fenster sein.
- Für die Blende am oberen Rand wird ein 10 cm breiter Stoffstreifen benötigt, dessen Länge der Breite des zugeschnittenen Vorhangs entspricht.
- Rechnen Sie aus, wie viele Schleifen Sie für beide Vorhänge benötigen (s. S. 199). Für jede Schleife wird ein Streifen von 70 × 9,5 cm benötigt.

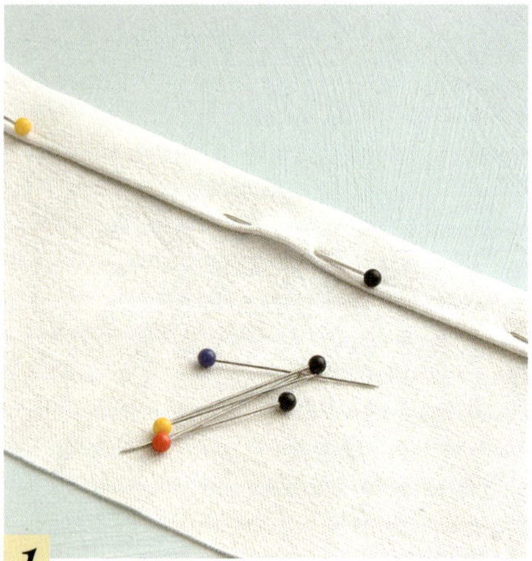

1 Schneiden Sie die für beide Vorhänge benötigten Teile zu. Liegt der Stoff nicht breit genug, müssen Sie schmalere Bahnen zusammennähen, um die nötige Breite zu erreichen (s. S. 192). Bügeln Sie an einer Längsseite und beiden kurzen Seiten der Blende einen Doppelsaum von 1,5 cm um und stecken Sie ihn fest. Steppen Sie die Säume mit der Maschine ab.

2 Bügeln Sie an beiden Längsseiten der Vorhänge einen Doppelsaum von 1,5 cm um und stecken Sie ihn fest. Steppen Sie die Säume mit der Maschine ab.

3 Stellen Sie die Schleifenbänder her (s. S. 198). Schneiden Sie jedes Band in zwei gleiche Teile. Legen Sie die Positionen der Schleifen fest, der Abstand sollte ca. 15 cm betragen (s. S. 199). Breiten Sie einen Vorhang mit der rechten Seite nach oben aus. Stecken Sie an jeder Position zwei Bänder fest, deren offene kurze Seiten aufeinander liegen. Heften Sie die Bänder an. Befestigen Sie dann die verbleibenden Bänder am zweiten Vorhang.

4 Legen Sie die Blende rechts auf rechts so auf die Vorhangbahn, dass die unversäuberten Ränder aufeinander liegen. Die Schleifenbänder befinden sich zwischen Vorhang und Blende. Stecken und heften Sie die Blende am oberen Rand fest und nähen Sie alles mit der Maschine zusammen. Entfernen Sie den Heftfaden. Wiederholen Sie den Arbeitsschritt beim zweiten Vorhang.

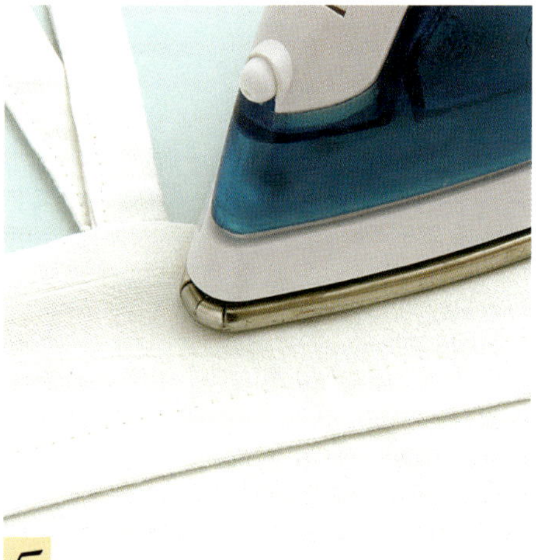

5 Legen Sie die Blende auf die linke Seite der Vorhänge um. Dadurch werden die Schleifen vollständig sichtbar. Bügeln Sie die oberen Ränder glatt. Bügeln Sie am unteren Rand der Vorhänge einen Doppelsaum von 5 cm um. Heften Sie den Saum und steppen Sie ihn mit der Maschine ab.

6 Stecken Sie den unteren Rand der Blende an den Vorhängen fest. Nähen Sie die offenen Seiten an Blende und unterem Saum mit Staffierstich zusammen (s. S. 190). Nähen Sie zum Schluss den unteren Rand der Blende mit Staffierstich fest.

TIPP

Sie können auch hübsche fertige Bänder für die Schleifen verwenden, statt sie aus Vorhangstoff selbst zu nähen.

VARIATION

Mit unterschiedlichen Stoffen erzielen Sie unterschiedliche Wirkungen. Transparenter Organza filtert das Licht und ist zart und luftig. Wenn Sie dafür Grün- oder Blautöne wählen, wirkt er kühl und eignet sich daher gut für sehr helle, warme Zimmer.

Einfache ungefütterte Vorhänge

Für ein Fenster im Landhausstil sind einfache ungefütterte Vorhänge oft alles, was gebraucht wird. Sie können aber auch gut mit einem Rollo kombiniert werden. Wählen Sie ein zeitloses Ginghamkaro oder handgewebtes Leinen, um die Schlichtheit des Designs noch zu unterstreichen.

MATERIAL

- Dekostoff – Maße s. rechte Seite
- Schmales Kräuselband mit zwei Zugfäden – rechnen Sie jeweils die Breite des Vorhangs plus 10 cm
- Passendes Nähgarn
- Vorhanghaken aus Kunststoff
- Maßband oder Lineal

STOFFBEDARF

- Messen Sie Ihr Fenster, um zu wissen, wie breit und lang die fertigen Vorhänge sein müssen (s. S. 186). Rechnen Sie bei der Länge 20 cm Saumzugabe dazu, bei der Breite 4 cm.
- Für ein schmales Fenster wie dieses können die Vorhänge normalerweise aus einer Bahn gearbeitet werden. Bei einem breiteren Fenster müssen Sie u. U. zwei oder mehr Bahnen zusammennähen.

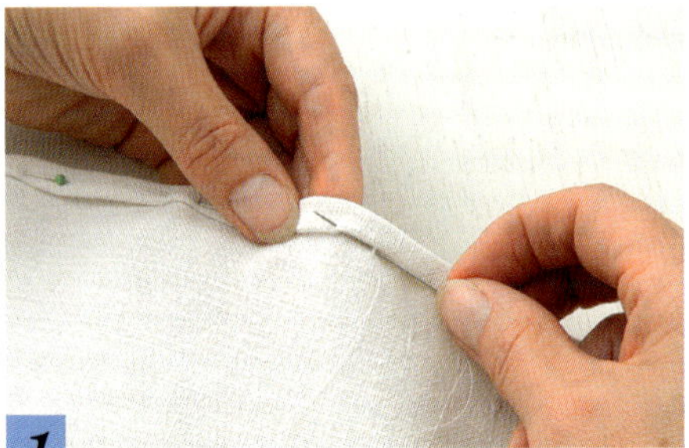

1 Schneiden Sie die für beide Vorhänge benötigten Stoffbahnen zu. Liegt der Stoff nicht breit genug, müssen Sie Bahnen zusammennähen, um die nötige Breite zu erreichen (s. S. 192). Bügeln Sie an beiden Längsseiten der Vorhänge einen Doppelsaum von 1 cm um und stecken Sie ihn fest. Nähen Sie die Seitensäume mit Staffierstich fest (s. S. 190).

2 Bügeln Sie am unteren und oberen Rand der Vorhänge jeweils einen Doppelsaum von 5 cm um und stecken Sie ihn fest. Steppen Sie die Säume mit der Maschine ab. Schneiden Sie das Kräuselband auf die erforderliche Breite plus 10 cm zu. Ziehen Sie die Zugfäden an beiden Enden 5 cm vom Rand entfernt heraus. Verknoten Sie die Fäden auf einer Seite.

NO
PARKING

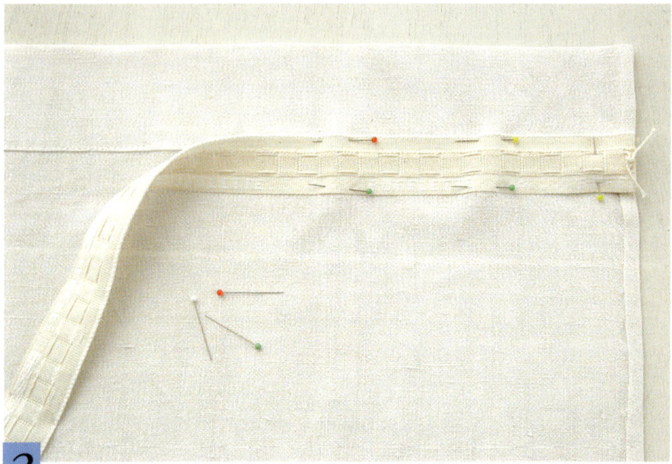

3 Breiten Sie den Vorhang mit der linken Seite nach oben auf einer großen ebenen Fläche aus. Legen Sie das Kräuselband auf den oberen Saum, richten Sie die Oberkante des Bandes dabei an der Saumnaht aus. Lassen Sie an beiden Seiten je 5 cm überstehen. Stecken Sie das Kräuselband fest.

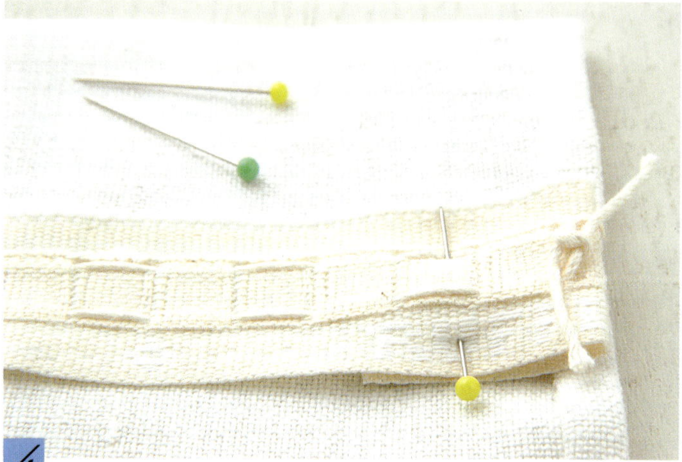

4 Schneiden Sie das überstehende Band an beiden Seiten bis auf 2 cm ab. Schieben Sie die Enden so zwischen Stoff und Band, dass der Bruch und die Seitenkante des Vorhangs genau übereinander liegen. Nähen Sie das Band mit der Maschine fest, zuerst eine kurze Seite nach oben, dann die obere Seite und dann die gegenüberliegende kurze Seite nach unten. Achten Sie darauf, dass Sie die losen Zugfäden an den Vorhang-Außenseiten nicht festnähen. Nähen Sie zum Schluss den unteren Rand des Bandes fest. Entfernen Sie alle Stecknadeln.

5 Nähen Sie die offenen Seiten am unteren Saum mit Staffierstich zusammen (s. S. 190) und bügeln Sie den Saum glatt.

6 Ziehen Sie vorsichtig an den Zugfäden, um den Vorhang auf die halbe Fensterbreite zu bringen. Verteilen Sie den geriehenen Stoff gleichmäßig. Binden Sie die losen Zugfäden zu einer Schleife und wickeln Sie den Rest der Fäden darum. Befestigen Sie das Bündel mit einigen Stichen hinten am Kräuselband. Schneiden Sie die Enden nicht ab, da die Vorhänge vor dem Waschen glatt gezogen werden. Hängen Sie die Vorhanghaken im Abstand von ca. 10 cm in das Kräuselband ein. Bringen Sie an der Außenkante evtl. einen zusätzlichen Haken an, damit sie gerade hängt. Befestigen Sie die Vorhänge an einer Stange mit Ringen oder einer Schiene.

TIPPS

- Einfache ungefütterte Vorhänge können richtig edel aussehen, wenn sie extralang sind und unterhalb des Fensters auf dem Boden aufliegen. Für diesen Effekt müssen Sie noch einmal 20 cm zur Länge dazurechnen und die Stoffbahnen entsprechend zuschneiden.
- Die Anleitung für das blau-weiß karierte Rollo, mit dem wir die Vorhänge kombiniert haben, finden Sie auf S. 126 – 131.

VARIATION

In den skandinavischen Ländern werden die Fenster meist schlicht und unaufwändig dekoriert. Man verwendet Materialien wie den unten abgebildeten klein karierten Stoff. Die ungefütterten Vorhänge lassen ein Maximum an Tageslicht in den gut isolierten Raum. Die Vorhänge wurden bewusst kurz gehalten, damit sie abends zugezogen werden können, ohne sich mit den Topfblumen auf dem Fensterbrett ins Gehege zu kommen.

Vorhänge mit Kontrastfutter

Normalerweise ist das Futter von Vorhängen nicht sichtbar, deshalb wird es meist aus unauffälligem Futterstoff hergestellt. Hier haben wir schwere Wintervorhänge einmal mit einem hübschen Kontrastfutter versehen. Es macht die Vorhänge wärmer, schwerer und attraktiver, wenn man sie von außen sieht. Ein solches Futter kann auch sehr gut auf andere Raumtextilien abgestimmt werden oder ein für das Zimmer gewähltes Thema aufgreifen.

MATERIAL

- Dekostoff für die Vorhänge – Maße s. rechte Seite
- Kontrastierender Dekostoff für das Futter – gleiche Maße wie der andere Stoff
- Passendes Nähgarn
- Faltenband für Bleistiftfalten – rechnen Sie jeweils die Breite des Vorhangs plus 10 cm
- Gewichte für den Saum (s. S. 194)
- Vorhanghaken aus Kunststoff
- Etwas Kaliko als Hülle für die Gewichte
- Maßband oder Lineal
- Stecknadeln

STOFFBEDARF

- Messen Sie Ihr Fenster, um zu wissen, wie breit und lang die fertigen Vorhänge sein müssen (s. S. 186). Rechnen Sie bei der Länge 15 cm Saumzugabe für unten und 2 cm Saumzugabe für oben dazu.
- Für ein breites Fenster wie hier brauchen Sie u. U. mehr als eine Stoffbahn, um auf die erforderliche Vorhangbreite zu kommen. Für schmalere Fenster sollte eine Bahn genügen.

1 Schneiden Sie die benötigten Teile aus beiden Stoffarten zu. Liegt der Stoff nicht breit genug, müssen Sie Bahnen zusammennähen, um die nötige Breite zu erreichen (s. S. 192). Säumen Sie den unteren Rand aller vier Teile. Bügeln Sie dazu einen Doppelsaum von 7,5 cm um, stecken Sie ihn fest und nähen Sie ihn mit Staffierstich an (s. S. 190).

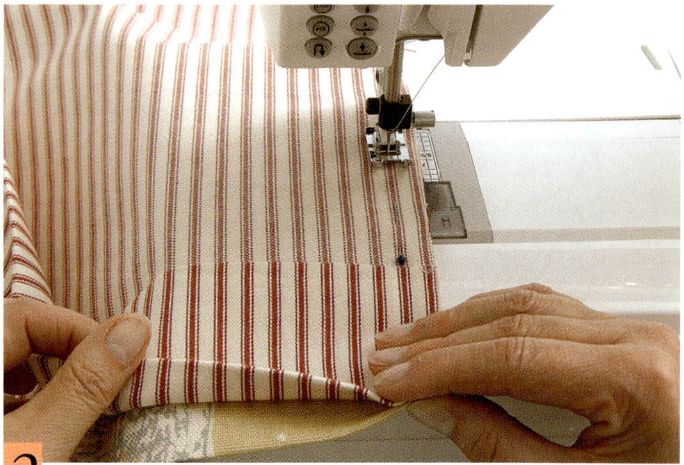

2 Legen Sie je ein Außen- und ein Innenteil rechts auf rechts aufeinander. Stecken Sie die genau übereinander liegenden unversäuberten Seitenränder zusammen. Nähen Sie die Seiten mit der Maschine zusammen.

4 Stecken Sie die unversäuberten oberen Ränder beider Stofflagen zusammen. Legen Sie einen einfachen Saum von 2 cm auf die Futterseite um und stecken Sie ihn fest. Schneiden Sie das Faltenband in der erforderlichen Breite zu (Vorhangbreite plus 10 cm).

5 Breiten Sie einen Vorhang mit der Futterseite nach oben aus. Stecken Sie das Faltenband so fest, dass sein oberer Rand genau mit dem Stoffbruch des Saums abschließt. Lassen Sie an beiden Seiten 5 cm überstehen. Entfernen Sie die Nadeln am rechten Seitenrand des Vorhangs (beim zweiten Vorhang am linken Rand). Ziehen Sie die Zugfäden aus dem überstehenden Bandteil (5 cm). Verknoten Sie die Fäden.

3 Drehen Sie die Vorhänge auf rechts und bügeln Sie die zusammengenähten Kanten glatt.

6 Schneiden Sie das überstehende Band bis auf 2 cm ab. Schieben Sie das Ende so zwischen Stoff und Band, dass der Bruch genau mit der Seitenkante des Vorhangs abschließt. Schieben Sie die verknoteten Fäden ebenfalls nach innen. Stecken Sie alles wieder fest.

TIPP

Verwenden Sie einfaches Kräuselband mit zwei Zugfäden für hübsche Vorhänge im Landhausstil, Faltenband für einen eleganteren, geordneteren Look.

7 Entfernen Sie die Nadeln am anderen Ende des Bandes und ziehen Sie auch hier die Zugfäden aus dem überstehenden Bandteil. Schneiden Sie dieses bis auf 2 cm ab und schieben Sie es wie in Schritt 6 beschrieben nach innen. Lassen Sie aber diesmal die Zugfäden außen hängen (nicht abschneiden). Stecken Sie das Band wieder fest.

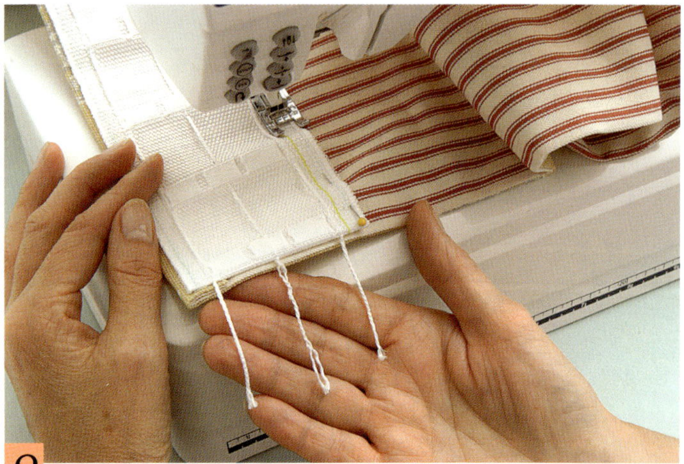

8 Nähen Sie das Band mit der Maschine fest, zuerst eine kurze Seite nach oben, dann die obere Seite und dann die gegenüberliegende kurze Seite nach unten. Achten Sie darauf, dass Sie die losen Zugfäden an den Vorhang-Außenseiten nicht festnähen. Nähen Sie zum Schluss den unteren Rand des Bandes fest. Entfernen Sie alle Stecknadeln.

9 Ziehen Sie vorsichtig an den Zugfäden, um die Vorhänge auf die halbe Breite zu bringen. Die Falten bilden sich automatisch. Binden Sie die losen Zugfäden zu einer Schleife und wickeln Sie den Rest der Fäden darum. Befestigen Sie das Bündel mit einigen Stichen hinten am Faltenband. Schneiden Sie die Enden nicht ab, da die Vorhänge vor dem Waschen glatt gezogen werden müssen.

10 Umhüllen Sie die erforderliche Zahl von Vorhanggewichten mit Kaliko (s. S. 194). Befestigen Sie die Taschen mit Stecknadeln in den unteren Ecken direkt neben der Seitennaht. Nähen Sie die Taschen mit der Hand fest. Nähen Sie die beiden Saumkanten auf ca. 5 cm Länge mit Staffierstich zusammen (s. S. 190), damit die Gewichte nicht zu sehen sind. Hängen Sie die Vorhanghaken im Abstand von ca. 10 cm in das Faltenband ein. Bringen Sie an der Außenkante gegebenenfalls einen zusätzlichen Haken an, damit sie gerade hängt. Hängen Sie die Vorhänge an eine Stange mit Ringen.

VARIATION

Dieser Einzelvorhang mit Kontrastfutter wurde genauso genäht wie bereits für die Fenstervorhänge beschrieben. Er wurde über dem Kopfende des Betts befestigt und gibt dem femininen Schlafzimmer einen wahrhaft majestätischen Touch. Für die Aufhängung wurde ein halbkreisförmiges Brett mit Winkeleisen an der Wand angebracht. Die Vorhanghaken hängen an Metallösen, die am Rand des Bretts eingeschraubt wurden.

Dachfenster-Vorhänge

Vorhänge für schräge Dachfenster zu nähen kann ein Problem sein. Hier eine einfache Lösung: Der lange Vorhang wird von einer Gardinenstange direkt an der Wand gehalten. Diese Variante eignet sich sowohl für bodenlange als auch kürzere Vorhänge. Verwenden Sie für die Aufhängung und unter dem Fenster einheitliche Gardinenstangen und Endstücke. Den Patchwork-Stoff brauchen Sie natürlich nicht selbst herzustellen, viel schneller geht es mit einem entsprechend bedruckten Stoff.

MATERIAL

- Dekostoff – Maße s. rechte Seite
- Kontrastierender Dekostoff für das Futter – gleiche Maße wie der andere Stoff
- Passendes Nähgarn
- Maßband oder Lineal

STOFFBEDARF

- Messen Sie Ihr Fenster, um zu wissen, wie breit und lang die fertigen Vorhänge sein müssen (s. S. 186). Geben Sie bei der Länge 1,5 cm für den oberen Saum und 14 cm für den auf dem Boden aufliegenden Teil zu (wenn Sie diese Variante wünschen).
- Damit Vorhänge mit dieser Aufhängung die nötige Fülle aufweisen, sollten sie eineinhalbmal so breit sein wie das Fenster.
- Rechnen Sie aus, wie viele Schleifen Sie für den Vorhang benötigen (s. S. 199). Für jede Schleife wird ein Streifen von 70 x 9,5 cm benötigt (im Material der Vorhangvorderseite).
- Das Futter wird in genau derselben Größe zugeschnitten wie die Vorderseite.

CONAN DOYLE • The Case-Book of Sherlock Holmes

1 Schneiden Sie die benötigten Teile aus beiden Stoffarten zu. Liegt der Stoff nicht breit genug, müssen Sie schmalere Bahnen zusammennähen, um die nötige Breite zu erreichen (s. S. 192). Bügeln Sie an beiden Teilen oben einen Saum von 1,5 cm auf die linke Seite um.

2 Legen Sie beide Teile rechts auf rechts genau aufeinander. Stecken Sie die ungesäumten Ränder zusammen. Nähen Sie die beiden Stofflagen dann an den Seiten und unten mit der Maschine zusammen.

3 Schneiden Sie die Nahtzugabe in den unteren Ecken diagonal ab. Drehen Sie den Vorhang auf rechts und bügeln Sie die zusammengenähten Kanten sorgfältig glatt.

5 Legen Sie die Positionen der Bänder in einem Abstand von ca. 15 cm fest (s. S. 199). Klappen Sie die umgebügelten oberen Ränder wieder auf. Markieren Sie die Bandpositionen an der Vorhangvorderseite mit Stecknadeln.

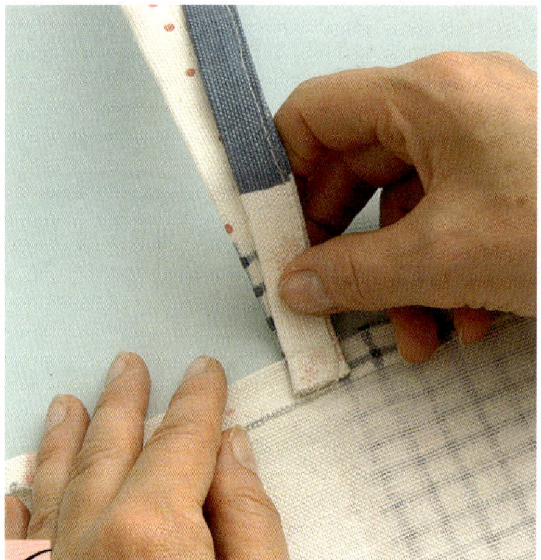

6 Stecken Sie je zwei Bänder an den markierten Positionen fest, die Bänder liegen dabei genau übereinander und die ungesäumten kurzen Seiten schließen mit dem ungesäumten Stoffrand ab. Heften Sie alle Bänder an und ziehen Sie eine Maschinennaht im Stoffbruch. Entfernen Sie den Heftfaden. Legen Sie den Saum wieder nach innen um. Die Bänder zeigen jetzt nach oben.

4 Rechnen Sie aus, wie viele Schleifenbänder Sie brauchen. Der Abstand sollte ca. 15 cm betragen. Stellen Sie die Bänder her und schneiden Sie jedes Band in zwei gleiche Teile (s. S. 198).

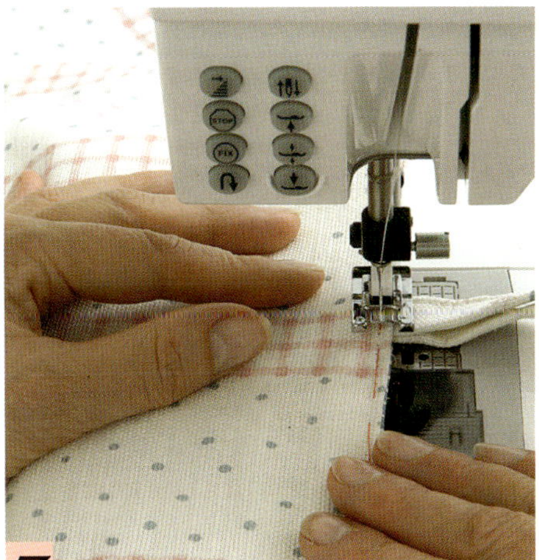

7 Heften Sie die beiden Stofflagen am oberen Rand zusammen. Die Bänder befinden sich dazwischen. Nähen Sie die Teile knapp unterhalb des Stoffbruchs mit der Maschine zusammen. Die Bänder werden dadurch endgültig fixiert. Entfernen Sie den Heftfaden.

VARIATION

Für ein romantisches Schlafzimmer unter dem Dach empfiehlt sich eine schlichtere Version dieser cleveren Dekoration. Ein einfacher weißer Musselinvorhang wurde gefüttert und mit Kräuselband eingereihen. Er hängt an einer Gardinenstange über dem Fenster und wird von einer zweiten Stange unter dem Fenster an der Wand gehalten. Diese hübsche Variante dient als Sichtschutz, lässt aber noch genügend Licht durch.

TIPP

Sie bevorzugen für Ihre Dachfenster-Dekoration einen kürzeren Vorhang? Bringen Sie zunächst die beiden Stangen oberhalb und unterhalb des Fensters an und messen Sie den Abstand. Versehen Sie den Vorhang unten mit einem Tunnel statt eines Saums (entsprechend länger zuschneiden) und fädeln Sie die untere Stange durch. So verläuft auch der kurze Vorhang parallel zum Fenster.

Vorhänge mit aufgenähten Streifen

Bringen Sie ein kleines Küchenfenster richtig groß heraus! Diese hübschen Vorhänge aus bedrucktem Baumwollstoff wurden durch ein stilvolles Detail veredelt: aufgenähte Kontraststreifen an den Längskanten. Gekrönt wird das Ganze durch einen kleinen geriehenen Querbehang (s. S. 162), der ebenfalls mit einem Streifen verziert wurde.

MATERIAL

- Dekostoff für die Vorhänge – Maße s. rechte Seite
- Futterstoff – Maße s. rechte Seite
- Kontrastierender Dekostoff mit senkrechten Streifen – Maße s. rechte Seite
- Schmales Kräuselband mit zwei Zugfäden – rechnen Sie jeweils die Breite des Vorhangs plus 10 cm
- Passendes Nähgarn
- Vorhanghaken aus Kunststoff
- Schneiderkreide
- Maßband oder Lineal

STOFFBEDARF

- Messen Sie Ihr Fenster, um zu wissen, wie breit und lang die fertigen Vorhänge sein müssen (s. S. 186). Rechnen Sie bei der Länge 15 cm Saumzugabe für unten und 5 cm Saumzugabe für oben dazu.
- Für schmalere Fenster wie dieses dürfte eine Stoffbahn pro Vorhang ausreichen. Für breitere Fenster brauchen Sie u. U. zwei Bahnen. Geben Sie bei der Breite 5 cm Saumzugabe pro Seite zu.
- Die Länge des Futterstoffs errechnet sich aus der Länge des zugeschnittenen Vorhangs minus 7,5 cm. Die Breite entspricht der Breite des fertigen Vorhangs ohne Zugaben.
- Für die Streifen brauchen Sie eine Bahn senkrecht gestreiften Stoffes. Die Länge berechnet sich aus der Länge des fertigen Vorhangs plus 6,5 cm Saumzugabe für oben und unten.

1 Schneiden Sie die Teile für die Vorhänge aus Deko- und Futterstoff zu. Bügeln Sie an den Längsseiten der Vorhangbahnen einen einfachen Saum von 5 cm nach innen um. Befestigen Sie die Säume mit Zickzack-Saumstich (s. S. 191). Beginnen Sie am oberen Rand und hören Sie 20 cm vom unteren Rand entfernt auf.

2 Bügeln Sie am unteren Ende der Vorhänge einen Doppelsaum von 7,5 cm nach innen um.

3 Arbeiten Sie an den unteren Ecken je eine saubere Briefecke (s. S. 195). Befestigen Sie den unteren Saum und den verbleibenden Teil der Seitensäume mit Zickzack-Saumstich (s. S. 191). Schließen Sie die Briefecke mit Staffierstich (s. S. 190).

7 Breiten Sie den Futterstoff mit der linken Seite nach oben auf einer großen ebenen Fläche aus. Bügeln Sie am unteren Ende einen Doppelsaum von 5 cm um. Steppen Sie den Saum mit der Maschine ab. Bügeln Sie an beiden Längsseiten einen Saum von 2,5 cm um.

8 Legen Sie Vorhang und Futter links auf links aufeinander. Die ungesäumten oberen Ränder liegen genau übereinander, an den Seiten und unten sind je 2,5 cm des Vorhangstoffes sichtbar. Stecken Sie das Futter oben und an den Seiten fest. Befestigen Sie das Futter an beiden Seiten mit Staffierstich (s. S. 190) am Vorhangstoff.

9 Heften Sie beide Stofflagen am oberen Rand zusammen. Bügeln Sie einen Saum von 5 cm nach innen um und stecken Sie ihn fest. Schneiden Sie das Kräuselband auf die erforderliche Breite plus 10 cm zu. Befestigen Sie das Kräuselband wie in den Arbeitsschritten 2, 3, 4, 5, 7 und 8 des Projekts „Einfache ungefütterte Vorhänge“ beschrieben (s. S. 26 – 29).

4 Schneiden Sie einen Streifen aus dem gestreiften Dekostoff zu. Der später sichtbare Streifen befindet sich in der Mitte, dazu kommen pro Seite 1,5 cm Saumzugabe. Bügeln Sie an beiden Längsseiten und einer kurzen Seite einen Saum von 1,5 cm um. Schneiden Sie die Ecken der Saumeinschläge ab.

5 Messen Sie auf der Vorderseite der Vorhänge 2,5 cm von der Innenkante ab und markieren Sie die Linie über die gesamte Länge mit Stecknadeln. Ziehen Sie die Linie dann mit Lineal und Schneiderkreide durch.

6 Legen Sie den Kontraststreifen mit den Säumen nach unten auf den Vorhang. Richten Sie eine Längsseite des Streifens genau an der Kreidelinie aus. Das umgebügelte kurze Ende schließt genau mit dem unteren Vorhangrand ab. Stecken und heften Sie den Streifen fest. Steppen Sie ihn dann mit der Maschine knappkantig fest. Entfernen Sie den Heftfaden.

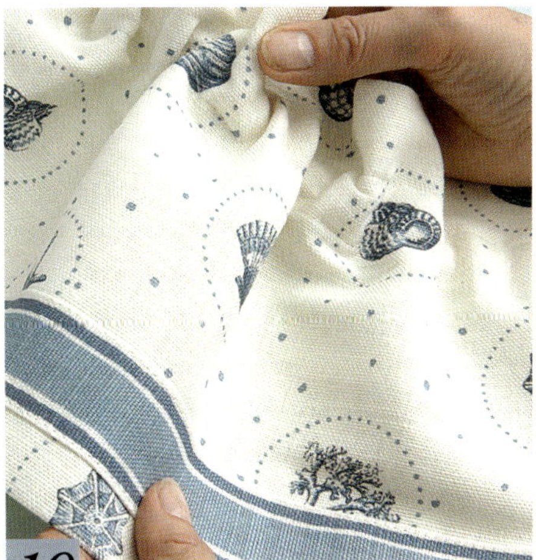

10 Fertigen Sie einen gerichenen Querbehang als Ergänzung zu den Vorhängen (s. S. 162–165). Nähen Sie einen waagerechten Kontraststreifen im Abstand von 2,5 cm vom unteren Rand auf.

VARIATION

Sie brauchen den Kontraststreifen natürlich nicht unbedingt selbst zuzuschneiden. Sie können auch Fertigborte oder Webband auf einen schlichten Vorhangstoff aufnähen. Damit sparen Sie sich das Umsäumen der Streifen. Schneiden Sie das Band oder die Borte einfach in der erforderlichen Länge zu und schon kann es losgehen.

TIPP

Eine schöne Möglichkeit, Verbindungen zwischen Vorhängen und anderen Raumtextilien zu schaffen, ist die Applikation gleicher Streifen auf Kissenhüllen oder Bettwäsche.

Vorhänge mit Bordüre

Mit einer breiten Bordüre aus kontrastierendem Material am unteren und inneren Rand können Sie lange Vorhänge noch stilvoller wirken lassen. Hier kommt es natürlich auf die saubere Eckenverarbeitung an. Die Anleitung für die passende Blende finden Sie auf S. 156.

MATERIAL

- Dekostoff für die Vorhänge – Maße s. unten
- Kontrastierender Dekostoff – Maße s. unten
- Futterstoff – Maße s. unten
- Faltenband für Bleistiftfalten – rechnen Sie jeweils die Breite des Vorhangs plus 10 cm
- Passendes Nähgarn
- Schneiderkreide
- Maßband oder Lineal

STOFFBEDARF

- Messen Sie Ihr Fenster, um zu wissen, wie breit und lang die fertigen Vorhänge sein müssen (s. S. 186). Legen Sie die Breite der fertigen Bordüre fest.
- Die Länge des Vorhangstoffs errechnet sich aus der Länge des fertigen Vorhangs minus Breite der unteren Bordüre plus 1,5 cm Nahtzugabe für unten und 2 cm Saumzugabe für oben. Die Breite des Vorhangs sollte etwa dem Dreifachen der Fensterbreite entsprechen, bei zwei Bahnen teilen Sie dieses Maß durch zwei (um auf die Breite zu kommen, müssen Sie u. U. Stoffbahnen zusammennähen). Ziehen Sie die Breite der seitlichen Bordüre ab und rechnen Sie 7,5 cm Naht- und Saumzugabe dazu.
- Die Länge des Futterstoffs entspricht der Länge des zugeschnittenen Vorhangstoffs, bei der Breite ziehen Sie 6 cm von der errechneten Breite des Vorhangstoffs ab.
- Der Streifen für die untere Bordüre entspricht in der Breite der fertigen Bordüre plus 3 cm Nahtzugabe, die Länge entspricht der Breite des Vorhangs plus 20 cm für die Ecke. Planen Sie auch Stoff für einen passenden Besatzstreifen für die Rückseite ein.
- Beim Streifen für die seitliche Bordüre entspricht die Breite der der fertigen Kante plus 3 cm, für die Länge rechnen Sie zur Länge des fertigen Vorhangs 20 cm für die Ecke dazu. Planen Sie auch Stoff für einen passenden Besatzstreifen für die Rückseite ein.

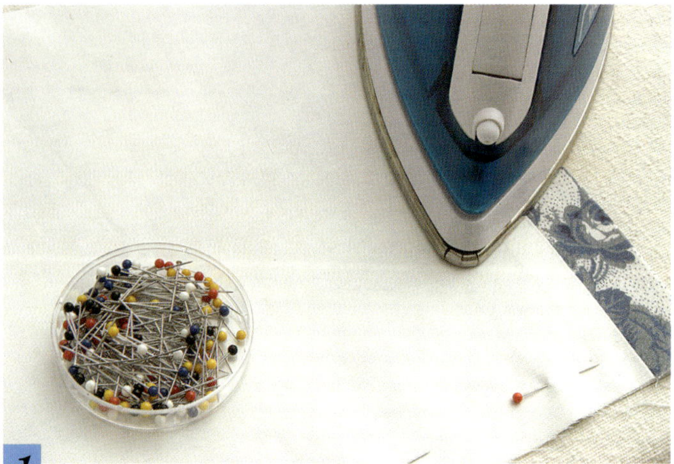

1 Schneiden Sie alle Teile aus den beiden Dekostoffen und dem Futterstoff zu. Nähen Sie mehrere Bahnen zusammen, wenn der Stoff nicht breit genug liegt (s. S. 192). Legen Sie Vorhang und Futter rechts auf rechts zusammen. Stecken und nähen Sie eine lange Seite mit der Maschine zusammen. Schlagen Sie das Futter über, sodass beide Teile links auf links zu liegen kommen. Legen Sie die ungesäumten Ränder oben, unten und an der gegenüberliegenden Seite übereinander. Stecken Sie die ungesäumten Ränder zusammen. Bügeln Sie die zusammengenähte Seite glatt, sodass ein Streifen des Vorhangstoffes sichtbar wird.

2 Nähen Sie Futter und Vorhangstoff unten und an der zweiten Längsseite mit der Maschine zusammen. Halten Sie dabei einen Abstand von 1 cm zum Rand ein.

4 Breiten Sie den Vorhang mit der Musterseite nach oben aus. Falten Sie den Umschlag an einer Längsseite des Kontraststreifens für die Seitenkante wieder auf. Legen Sie den Streifen rechts auf rechts so auf, dass die ungesäumten Ränder oben und an der Seite genau übereinander liegen. Unten ragt der Streifen über den Vorhangrand hinaus. Stecken Sie den Streifen an und nähen Sie ihn mit der Maschine an die Innenkante des Vorhangs. Folgen sie dabei der Bruchlinie und beenden Sie die Naht 1,5 cm vor der Ecke. Bügeln Sie die Nahtzugabe zum Kontraststreifen hin um und klappen Sie den Streifen auf.

5 Bügeln Sie an einer kurzen Seite des unteren Kontraststreifens einen einfachen Saum von 1,5 cm nach innen um. Falten Sie den Umschlag an einer Längsseite wieder auf und legen Sie den Streifen rechts auf rechts auf den unteren Rand des Vorhangs. Die aufgefaltete Seite zeigt nach außen und die umgeschlagene kurze Seite schließt mit der fertigen Außenkante des Vorhangs ab. Beide Kontraststreifen überlappen sich an der gegenüberliegenden Seite. Stecken Sie den Streifen an und nähen Sie ihn mit der Maschine fest. Folgen Sie dabei der Bruchlinie und beenden Sie die Naht 1,5 cm vor der Ecke.

3 Bügeln Sie an den Längsseiten beider Kontraststreifen und beider Besatzstreifen einen einfachen Saum von 1,5 cm auf die linke Seite um.

6 Bügeln Sie die Nahtzugabe zum Kontraststreifen hin um und klappen Sie den Streifen auf. Breiten Sie den Vorhang mit der Futterseite nach oben aus. An der Ecke liegt der untere Kontraststreifen über dem seitlichen. Ziehen Sie mit Schneiderkreide eine diagonale Linie von der genähten inneren Ecke zur äußeren Ecke, wo sich die Streifen überlappen.

TIPPS

- Sie können die Briefecken noch verstärken, wenn Sie je 1,5 cm neben der Ecke zwei weitere Steppnähte ziehen, bevor Sie den Überstand abschneiden.
- Die Vorhänge wirken noch professioneller und eleganter, wenn Sie Gewichte in den Saum einarbeiten (s. S. 194). Bringen Sie die Gewichte im unteren Kontraststreifen an, bevor Sie Arbeitsschritt 10 ausführen.

7 Verändern Sie die Lage der Kontraststreifen an der Ecke so, dass jetzt der seitliche Streifen oben liegt. Ziehen Sie eine diagonale Kreidelinie wie in Schritt 6 beschrieben. Legen Sie die Streifen rechts auf rechts aneinander und stecken Sie sie entlang der Kreidelinien zusammen. Nähen Sie die Streifen mit der Maschine zusammen. Schneiden Sie den Überstand ab und bügeln Sie die Nahtzugabe auseinander.

8 Falten Sie die Umschläge am äußeren Rand der Kontraststreifen wieder auf. Legen Sie die Besatzstreifen rechts auf rechts so auf, dass die ungesäumten Ränder übereinander liegen. Stecken Sie die Streifen zusammen. Nähen Sie die Besatzstreifen mit der Maschine an die Kontraststreifen. Folgen Sie dabei der Bruchlinie und beenden Sie die Naht jeweils 1,5 cm vor der Ecke. Bügeln Sie die Nahtzugabe nach innen um.

VARIATION

Als Alternative können Sie natürlich auch einen einfarbigen Vorhang mit einer gemusterten Bordüre anfertigen. Besonders eindrucksvoll wirkt eine gestreifte Kante, dabei müssen Sie aber darauf achten, dass die Streifen an der Ecke genau aufeinander treffen.

9 Markieren Sie auf der linken Seite der Besatzstreifen die Diagonalen der Ecke (wie in Schritt 6 und 7 gezeigt). Schneiden Sie den überschüssigen Stoff bis auf eine Nahtzugabe von 1,5 cm ab. Bügeln Sie die Nahtzugabe auf die linke Stoffseite um.

10 Schlagen Sie die Besatzstreifen nach innen um und stecken Sie die umgeschlagenen Innenkanten am Futter fest. Schließen Sie die Briefecke und die kurzen Seiten mit Staffierstich. Nähen Sie die Besatzstreifen mit Staffierstich an das Futter (s. S. 190). Heften Sie Vorhangstoff und Futter am oberen Rand zusammen und bügeln Sie einen einfachen Saum von 2 cm nach innen um. Versehen Sie den Vorhang mit Faltenband, folgen Sie dafür den Arbeitsschritten 5 bis 10 im Projekt „Vorhänge mit Kontrastfutter“ (s. S. 30 – 35).

Vorhänge mit Flämischen Falten

Die raumhohen Fenster in diesem modernen Raum brauchen eine ganz besondere Dekoration. Die bodenlangen Vorhänge wurden mit professionell wirkenden Flämischen Falten gearbeitet, die für einen wunderbar klaren Fall sorgen.

MATERIAL

- Dekostoff für die Vorhänge – Maße s. rechte Seite
- Futterstoff – Maße s. rechte Seite
- Buckram oder Steifleinen, 10 cm breit
- Passendes Nähgarn
- Gewichte für den Saum
- Draht-Faltenhaken
- Schneiderkreide
- Maßband oder Lineal

STOFFBEDARF

- Messen Sie Ihr Fenster, um zu wissen, wie breit und lang die fertigen Vorhänge sein müssen (s. S. 186). Geben Sie bei der Länge 15 cm für den unteren Saum und 5 cm für den oberen Saum dazu.
- Damit die Vorhänge bei dieser Verarbeitung die erforderliche Fülle aufweisen, sollte ihre Gesamtbreite dem Zweieinhalb- bis Dreifachen der Fensterbreite entsprechen.
- Für die Breite des Futterstoffs ziehen Sie von der Breite des Vorhangstoffes 10 cm ab, für die Länge 12,5 cm.

VORBEREITUNG

- Schneiden Sie die benötigten Teile aus Deko- und Futterstoff zu.
- Nähen Sie Stoffbahnen zusammen, wenn der Stoff nicht breit genug liegt.

1 Breiten Sie den Dekostoff mit der linken Seite nach oben aus. Bügeln Sie am unteren Rand einen Doppelsaum von 7 cm und an den Seiten einen einfachen Saum von je 5 cm um. Befestigen Sie die einfachen Säume mit Zickzack-Saumstich (s. S. 191), beginnen und enden Sie dabei jeweils 20 cm vom oberen bzw. unteren Rand entfernt. Arbeiten Sie Briefecken, wo die gesäumten Ränder zusammenkommen (s. S. 195). Bringen Sie mit Kaliko bezogene Gewichte im unteren Saum an (s. S. 194). Schließen Sie die Briefecken mit Staffierstich und befestigen Sie den unteren Saum ebenfalls mit Staffierstich (s. S. 190).

2 Bügeln Sie am oberen Rand einen einfachen Saum von 5 cm um und arbeiten Sie Briefecken (s. S. 195).

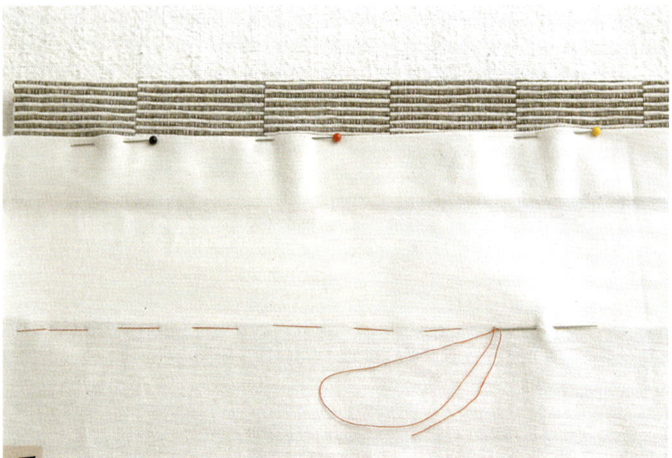

5 Heften Sie Futter und Vorhang unmittelbar unter dem Buckramstreifen zusammen, sodass dieser nicht verrutschen kann. Schließen Sie die oberen Briefecken mit Staffierstich. Befestigen Sie das Futter oben und an den Seiten mit Staffierstich am Vorhangstoff (s. S. 190).

6 Berechnen Sie den Abstand zwischen den genähten Falten und veranschlagen Sie für jede Falte selbst 15 cm (s. S. 200). Markieren Sie die Position der Falten mit Stecknadeln oben an der Vorhangrückseite. Ziehen Sie mit Schneiderkreide und Lineal senkrechte Linien (achten Sie darauf, dass diese genau im rechten Winkel zur Oberkante stehen) von den Markierungen bis zur Heftnaht unter dem Buckramstreifen.

3 Schneiden Sie einen Streifen Buckram oder Steifleinen in der Breite der fertigen Vorhänge zu. Schieben Sie den Streifen unter den oberen und die seitlichen Säume und stecken Sie ihn fest.

4 Breiten Sie das Futter mit der linken Seite nach oben aus. Bügeln Sie am unteren Rand einen Doppelsaum von 5 cm um, oben und an den Seiten je einen einfachen Saum von 2,5 cm. Befestigen Sie den unteren Saum mit Staffierstich (s. S. 190). Legen Sie das Futter links auf links so auf den Vorhang, dass rundum 2,5 cm vom Vorhangstoff zu sehen sind. Stecken Sie das Futter oben und an den Seiten fest.

7 Stecken Sie die Falten links auf links liegend an den Kreidelinien zusammen. Nähen Sie die Falten mit der Maschine bis zum Ende des Buckramstreifens zusammen. Achten Sie darauf, dass die Maschinennähte im rechten Winkel zur Oberkante verlaufen.

8 Legen Sie die Falten am oberen Rand in drei gleiche kleinere Falten.

9 Fixieren Sie die kleinen Falten oben mit Nadel und passendem Faden. Das geht am besten mit einigen Überwendlichstichen (s. S. 190).

10 Nähen Sie die drei kleineren Falten am unteren Ende der großen Falte mit Überwendlichstichen fest zusammen. Entfernen Sie den Heftfaden.

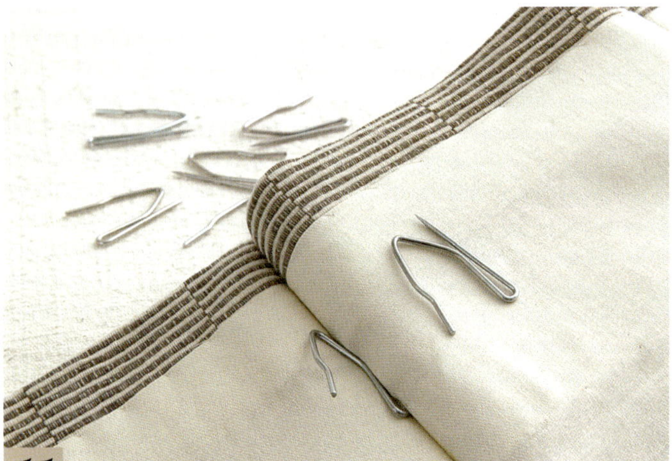

11 Schieben Sie von der Vorhangrückseite aus einen Faltenhaken in jede zusammengenähte Falte. Damit können Sie die Vorhänge an Ringen, einer Schiene oder Stange aufhängen.

TIPP

Als Alternative zu handgenähten Flämischen Falten können Sie auch handelsübliche Faltenbänder und die dazu gehörigen Haken verwenden. Diese Bänder legen den Vorhang automatisch in Falten, ergeben aber keine so akkurate Wirkung wie handgenähte Falten. Von Vorteil ist, dass sie Ihnen viele Berechnungen ersparen und einfach aufzunähen sind. Bringen Sie das Band mit Hilfe von Faltenlegehaken einfach auf die für Ihre Fenster notwendige Breite (hängen Sie es ruhig an die Gardinenschiene, wenn Sie sich nicht sicher sind). Entfernen Sie dann die Haken und verwenden Sie das Band als Orientierungsgröße beim Zuschneiden der Vorhangbahnen.

VARIATION

Flämische Falten sind erste Wahl bei langen, bis zum Boden reichenden Vorhängen, bei denen die Falten schön gleichmäßig sein sollen. Die vorn beschriebenen Vorhänge wirken modern und sachlich. Flämische Falten können jedoch auch üppiger und weniger „ordentlich" aussehen, wenn sie wie hier extra-lange Vorhänge zieren, die auf dem Boden aufliegen und von einer einfachen Holzstange hängen. Da für die Falten viel Stoff gebraucht wird, erhält man bei dieser Aufhängung auf jeden Fall schön füllige Vorhänge.

Vorhänge mit Flämischen Falten und Bordüre

Einen zusätzlichen Effekt erzielen Sie, wenn Sie bodenlange Vorhänge mit Flämischen Falten mit einer Bordüre aus passendem Stoff versehen. Wenn der Vorhangstoff groß gemustert ist wie hier, sollten Sie das Kontrastmaterial ganz schlicht halten: Wählen Sie einen gepunkteten oder dezent karierten Stoff oder ein einfarbiges Material, das einen Farbton des gemusterten Stoffes aufgreift. Genauso gut können Sie natürlich auch einen einfarbigen Vorhang mit einer gemusterten Bordüre versehen.

MATERIAL

- Dekostoff für die Vorhänge – Maße s. rechte Seite
- Futterstoff – Maße s. rechte Seite
- Kontrastierender Dekostoff für die Bordüre – Maße s. rechte Seite
- Buckram oder Steifleinen, 10 cm breit
- Passendes Nähgarn
- Gewichte für den Saum
- Draht-Faltenhaken
- Schneiderkreide
- Maßband oder Lineal

STOFFBEDARF

- Messen Sie Ihr Fenster, um zu wissen, wie breit und lang die fertigen Vorhänge sein müssen (s. S. 186). Geben Sie bei der Länge 14 cm für den unteren Saum und 5 cm für den oberen Saum dazu.
- Damit die Vorhänge bei dieser Verarbeitung die erforderliche Fülle aufweisen, sollte ihre Gesamtbreite dem Zweieinhalb- bis Dreifachen der Fensterbreite entsprechen.
- Für die Breite des Futterstoffs ziehen Sie von der Breite des Vorhangstoffes 5 cm ab, für die Länge 12,5 cm.
- Für die Bordüre benötigen Sie zwei Streifen von 17,5 cm Breite. Deren Länge berechnet sich aus der Länge der fertigen Vorhänge plus 3 cm Saumzugabe.

VORBEREITUNG

- Schneiden Sie die benötigten Teile aus den beiden Dekostoffen und dem Futterstoff zu.
- Nähen Sie für Vorhang und Futter Stoffbahnen zusammen, wenn der Stoff nicht breit genug liegt (s. S. 192).

1 Breiten Sie die Vorhänge mit der linken Seite nach oben aus. Bügeln Sie am unteren Rand einen Doppelsaum von 7 cm um. Bügeln Sie am linken Rand des rechts liegenden Vorhangs und am rechten Rand des links liegenden Vorhangs einen einfachen Saum von je 5 cm um. Befestigen Sie die einfachen Säume mit Zickzack-Saumstich (s. S. 191), beginnen und enden Sie dabei jeweils 20 cm vom oberen bzw. unteren Rand entfernt. Arbeiten Sie Briefecken, wo die Säume zusammentreffen (s. S. 195). Bringen Sie mit Kaliko bezogene Gewichte im unteren Saum an (s. S. 194). Schließen Sie die Briefecken mit Staffierstich und befestigen Sie den unteren Saum ebenfalls mit Staffierstich (s. S. 190).

2 Bügeln Sie am oberen Rand einen einfachen Saum von 5 cm um. Arbeiten Sie Briefecken, wo die Säume zusammentreffen (s. S. 195). Schließen Sie die Briefecken mit Staffierstich (s. S. 190). Schneiden Sie einen Streifen Buckram in der Breite der fertigen Vorhänge zu. Schieben Sie den Streifen unter den oberen und die seitlichen Säume und stecken Sie ihn fest.

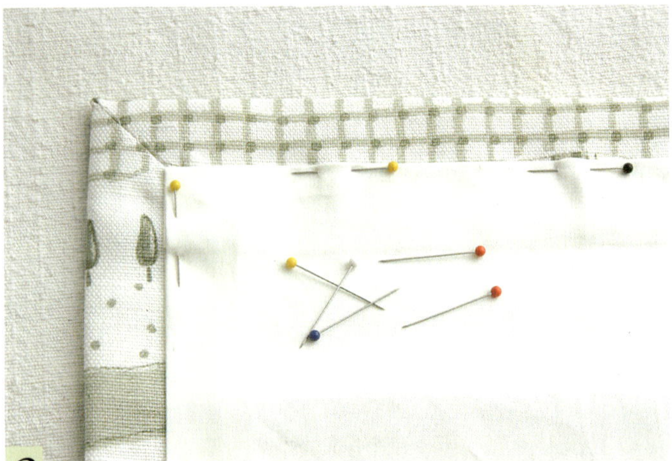

3 Breiten Sie das Futter mit der linken Seite nach oben aus. Bügeln Sie unten einen Doppelsaum von 5 cm und oben einen einfachen Saum von 2,5 cm um. Bügeln Sie an den späteren Außenkanten ebenfalls einen einfachen Saum von 2,5 cm um. Schließen Sie den unteren Saum mit Staffierstich (s. S. 190). Legen Sie das Futter links auf links so auf den Vorhang, dass die ungesäumten seitlichen Ränder direkt übereinander liegen und an den übrigen drei Seiten je 2,5 cm vom Vorhangstoff zu sehen sind. Stecken Sie das Futter oben und an der fertigen Längsseite fest.

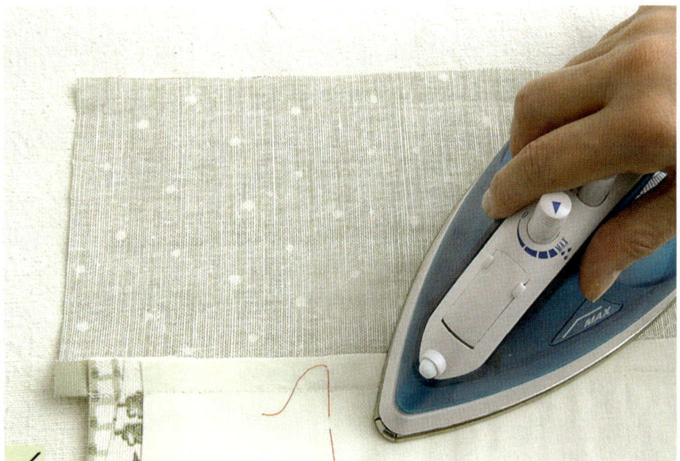

4 Heften Sie Futter und Vorhang unmittelbar unter dem Buckramstreifen zusammen, sodass dieser nicht verrutschen kann. Legen Sie den Kontraststreifen rechts auf rechts so auf den Vorhang, dass eine Längskante mit den ungesäumten Seitenrändern von Vorhangstoff und Futter abschließt und oben und unten jeweils 1,5 cm überstehen. Stecken Sie den Streifen fest und nähen Sie ihn mit der Maschine an. Bügeln Sie die Nahtzugabe zum Kontraststreifen hin um.

TIPP

Die hier gezeigten Vorhänge wurden mit zweigeteilten Flämischen Falten gearbeitet. Die dekorative Bordüre eignet sich aber für alle Vorhänge, unabhängig vom Abschluss.

5 Bügeln Sie an den beiden kurzen und der freien langen Seite des Kontraststreifens einen einfachen Saum von 1,5 cm um.

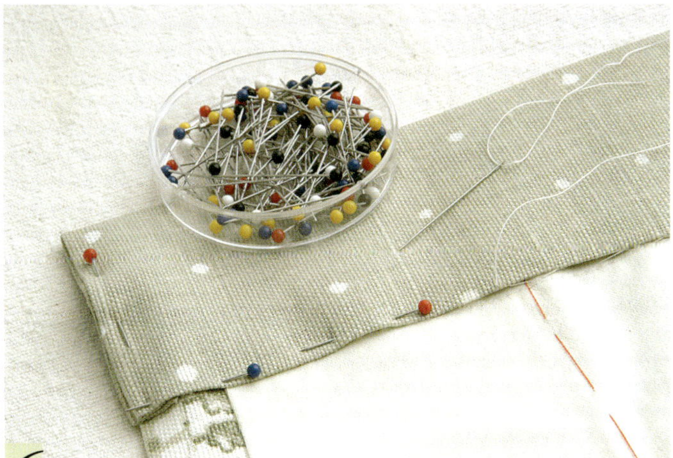

6 Schlagen Sie den Kontraststreifen so auf die Futterseite um, dass der Stoffbruch an der Längsseite des Streifens genau mit der Maschinennaht abschließt. Stecken Sie den Streifen fest und befestigen Sie die Längsseite mit Staffierstich (s. S. 190). Schließen Sie die offenen kurzen Enden ebenfalls mit Staffierstich.

7 Berechnen Sie den Abstand zwischen den Falten. Arbeiten Sie die Falten wie in den Arbeitsschritten 6 und 7 im Projekt Vorhänge mit Flämischen Falten beschrieben (s. S. 52 – 53). Legen Sie die Falten am oberen Rand in zwei gleiche kleinere Falten.

8 Fixieren Sie die kleinen Falten oben mit Nadel und passendem Faden. Das geht am besten mit einigen Überwendlichstichen (s. S. 190).

9 Legen Sie die Falten senkrecht auf die Hälfte zusammen und stecken Sie sie unterhalb des Buckramstreifens zusammen. Steppen Sie die Falten dann durch alle Stofflagen mit der Maschine fest. Arbeiten Sie die Maschinennaht von den aufeinander liegenden Stoffbrüchen bis zur senkrechten Naht. Entfernen Sie den Heftfaden. Schieben Sie von der Vorhangrückseite aus einen Faltenhaken in jede Falte, sodass die Vorhänge an Ringen, einer Schiene oder Stange aufgehängt werden können (s. Arbeitsschritt 11 auf S. 54).

VARIATION

Rechts: Diese auffällige Fensterdekoration verbindet modernes Design mit einem formaleren Look. Die Bordüren-Vorhänge hängen an einer weiß lackierten Stange. Sie sind oben in der Mitte auf einer Länge von einigen Zentimetern zusammengenäht und werden von langen Raffhaltern mit Quasten vom Fenster weggenommen. Vervollständigt wird die Dekoration von einem Faltrollo in einem kontrastierenden Material.

Links: Hier wird eine weichere Wirkung erzielt. Ein Paar cremefarbene Schlafzimmervorhänge wurden mit einer hellblauen Bordüre versehen und dürfen ganz natürlich bis auf den Boden fallen. Möbel und Bettwäsche sind eine harmonische Ergänzung. Für die nötigen Farbakzente sorgen die Streifen und weitere Details in dunklerem Blau.

Vorhänge mit Rüschenkante

Dieses kleine Schlafzimmerfenster im Dachgeschoss wird durch die Vorhänge aus gold gestreiftem Organza ein echter Blickfang. Da neben und über dem Fenster nicht viel Platz ist, wurden die Vorhänge an Schwenkstangen angebracht – in solchen Fällen eine wirklich praktische Lösung. Berücksichtigen Sie beim Stoffkauf, dass später beide Seiten des Stoffes sichtbar sein werden. Den Punkt aufs I setzen die schmalen, feminin wirkenden Rüschenkanten.

MATERIAL

- Dekostoff für die Vorhänge – Maße s. rechte Seite
- Passendes Nähgarn
- Schneiderkreide
- Maßband oder Lineal

STOFFBEDARF

- Messen Sie Ihr Fenster, um zu wissen, wie breit und lang die fertigen Vorhänge sein müssen (s. S. 186). Geben Sie bei der Länge 8 cm für den unteren Saum und den Tunnel für die Stange dazu.
- Die Breite des Vorhangs sollte bei dieser Art der Aufhängung dem Eineinhalbfachen der Fensterbreite entsprechen, bei zwei Bahnen teilen Sie dieses Maß durch zwei.
- Legen Sie fest, wie breit die fertige Rüschenkante sein soll. Für die Breite des Streifens rechnen Sie das Doppelte dieses Maßes plus 2 cm Nahtzugabe. Die Länge der Rüschenstreifen entspricht der doppelten Länge der fertigen Vorhänge.

FENDI

1 Schneiden Sie alle für die Vorhänge benötigten Teile zu. Nähen Sie mehrere Bahnen zusammen, wenn nötig (s. S. 192). Bügeln Sie am unteren Rand und an der späteren Außenkante einen Doppelsaum von 1 cm um. Stecken Sie die Säume fest und steppen Sie sie mit der Maschine ab.

2 Nähen Sie Rüschenstreifen mit je 1 cm Nahtzugabe zusammen, um ausreichend lange Streifen zu bekommen. Bügeln Sie die Nahtzugabe auseinander.

3 Falten Sie die Streifen längs zusammen. Der Stoff liegt rechts auf rechts. Stecken Sie die kurzen Seiten zusammen und steppen Sie sie mit der Maschine ab (1 cm Nahtzugabe). Wenden Sie die Streifen an den kurzen Enden und schieben Sie die Ecken mit einem spitzen Gegenstand (z. B. einer Schere) sorgfältig nach außen. Bügeln Sie die genähten Kanten und den Stoffbruch an der Längsseite glatt.

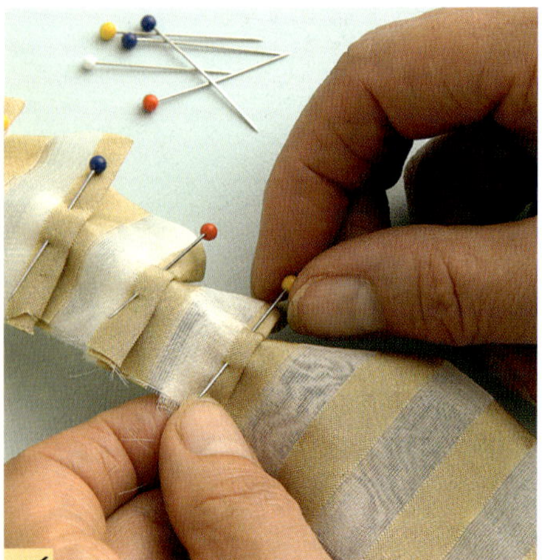

4 Achten Sie darauf, dass die ungesäumten Längskanten dabei genau übereinander liegen. Legen Sie die Rüschenstreifen in kleine Falten. Halten Sie dabei regelmäßige Abstände ein und stecken Sie die Falten mit Stecknadeln fest. Bringen Sie die Streifen so auf eine Länge, die 6 cm unter der Länge der fertigen Vorhänge liegt.

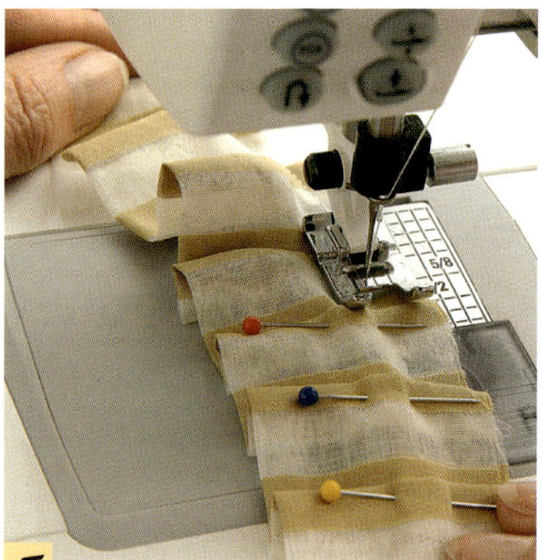

5 Fixieren Sie die Falten mit einer Steppnaht. Halten Sie dabei einen Abstand von 1 cm zu den ungesäumten Längskanten ein.

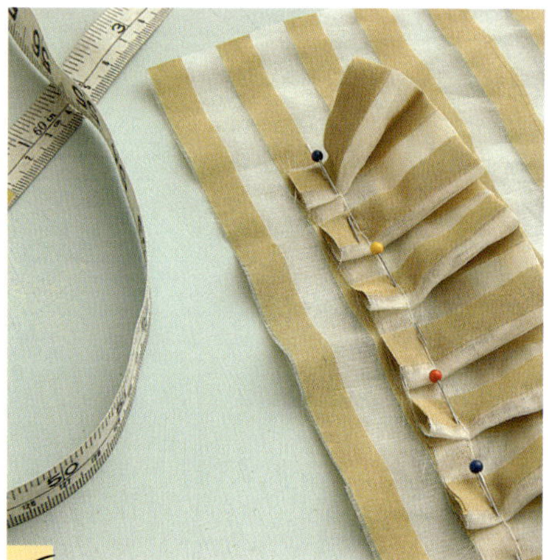

6 Legen Sie die Rüsche so auf die rechte Seite des Vorhangs, dass die ungesäumte Seite 2,5 cm vom ungesäumten seitlichen Vorhangrand und die Oberseite 6 cm vom oberen Vorhangrand entfernt ist. Die versäuberten unteren Ränder schließen genau ab. Stecken Sie die Rüsche fest. Steppen Sie sie 1 cm vom ungesäumten Rand fest, indem Sie einfach der schon vorhandenen Steppnaht folgen.

TIPPS

• Viele Nähmaschinen sind mit speziellen Kräuselfüßen ausgestattet, mit denen das Einreihen einer Stoffbahn ganz schnell erledigt ist. Schauen Sie in der Bedienungsanleitung nach, ob das auf Ihre Nähmaschine zutrifft. Für Innendekorationsarbeiten sind diese leicht zu installierenden Zusatzteile sehr hilfreich, da sie viel Zeit und Mühe sparen.

• Wenn Sie Ihre Rüschen mit der Hand anfertigen wollen, empfiehlt sich die Verwendung von gestreiftem Stoff. Für den Rüschenstreifen liegen die Streifen quer, das erleichtert das Faltenlegen in gleichmäßigen Abständen.

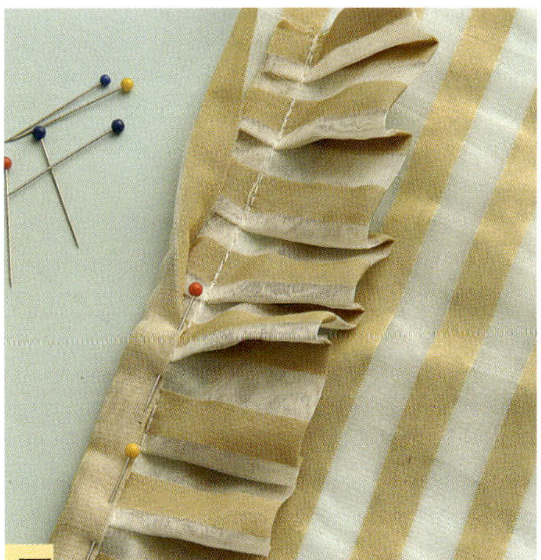

7 Bügeln Sie an der Rüschenseite des Vorhangs einen Doppelsaum von ca. 1 cm um, der die ungesäuberten Ränder des Rüschenstreifens einschließt und mit der Steppnaht abschließt. Stecken Sie den Saum fest und steppen Sie ihn dann mit der Maschine durch alle Stofflagen hindurch ab.

VARIATION

Eine Rüschenkante wirkt auch an langen Vorhängen aus bedrucktem Baumwollstoff sehr gut. Versehen Sie solche Vorhänge mit einem Futter (s. Projekt auf S. 30) und fassen Sie die Rüsche dazwischen, wenn Sie die beiden Lagen zusammennähen. Diese Variante passt besonders gut in ein Schlafzimmer im Landhausstil, kann aber überall eingesetzt werden, wo Sie es lieber etwas traditioneller haben wollen. Unterstützt wird diese Wirkung noch, wenn Sie die Rüsche einreihen statt in Falten zu legen.

8 Drehen Sie den Vorhang um, so dass die linke Seite oben liegt. Klappen Sie die Rüsche seitlich aus. Legen Sie den Saum auf die linke Seite des Vorhangs um und bügeln Sie ihn glatt.

9 Stecken Sie den Saum am Vorhang fest und steppen Sie ihn knappkantig ab.

10 Bügeln Sie am oberen Rand des Vorhangs einen einfachen Saum von 1,5 cm auf die linke Seite um, danach noch einen weiteren von 4,5 cm. Stecken Sie den Saum fest und steppen Sie ihn knapp oberhalb des inneren Stoffbruchs ab. Die Seiten bleiben offen.

11 Ziehen Sie mit Schneiderkreide und Lineal 2,5 cm oberhalb der Saumnaht eine Linie für den Tunnel. Stecken Sie die Stofflagen zusammen und ziehen Sie entlang der Linie eine Steppnaht mit der Maschine. Fädeln Sie die Schwenkstange durch den Tunnel und verteilen Sie den Stoff gleichmäßig auf die Stangenbreite.

Schnelle Vorhänge

Wenn Sie wenig Zeit haben oder nicht nähen können oder wollen, müssen Sie nicht auf schöne selbst gemachte Vorhänge voller Stil und Individualität verzichten. So können Sie eine Bahn Baumwollstoff unten und oben einfach mit Saumband zum Aufbügeln versäubern und an Vorhangringen mit kleinen Metallclips aufhängen. Da diese Clips nicht übermäßig viel aushalten, müssen Sie für diese Variante unbedingt leichten Stoff verwenden. Wenn Sie Ihre Vorhänge wie hier mit einem Faltrollo ergänzen wollen, folgen Sie der Anleitung auf S. 132 – 137.

VARIATION

Mit fertig erhältlichen Schlaufen-Clips, die durch den Stoff gesteckt werden, können Vorhänge ohne Nähte richtig edel wirken. Mit ihren klaren Linien passen die Clips in eine modern eingerichtete Wohnung, am besten an einer schlichten Metallstange.

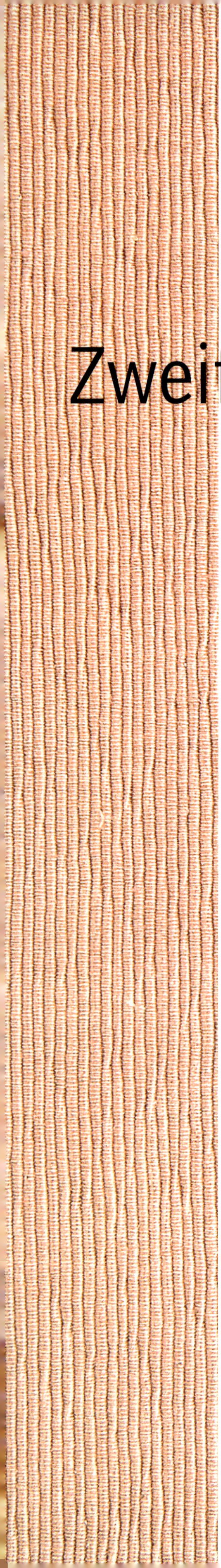

Zweifarbiger Vorhang

Dieser durchgehend gefütterte Vorhang dient im Winter als Wärmeschutz vor einer Haustür mit Glasscheiben. Die breite Kante in Kontrastfarbe sorgt dafür, dass der lange schmale Vorhang nicht langweilig wirkt. Die Kante kann auch einen Farbakzent setzen und Verbindungen zu Farben schaffen, die sich in den angrenzenden Räumen wiederfinden.

MATERIAL

- Dekostoff für den Vorhang, 140 cm breit – andere Maße s. rechte Seite
- Kontrastierender Dekostoff, 140 cm breit – andere Maße s. rechte Seite
- Futterstoff, 140 cm breit – andere Maße s. rechte Seite
- Buckram oder Steifleinen, 10 cm breit
- Passendes Nähgarn
- Gewichte für den Saum
- Draht-Faltenhaken

STOFFBEDARF

- Messen Sie Ihre Tür, um zu wissen, wie lang der fertige Vorhang sein muss (s. S. 186).
- Legen Sie die Breite der fertigen Kontrastkante fest und ziehen Sie dieses Maß von der Länge des fertigen Vorhangs ab.
- Beim Dekostoff für den oberen Teil des Vorhangs rechnen Sie eine Stoffbahnbreite, dazu die im vorhergehenden Schritt ermittelte Länge plus 3,5 cm Saum- und Nahtzugaben.
- Für den kontrastierenden Dekostoff rechnen Sie eine Stoffbahnbreite mal die Breite der fertigen Kante plus 16,5 cm für Saum- und Nahtzugaben.
- Für die Breite des Futters ziehen Sie 10 cm von der Breite der beiden Vorhangteile ab, die Länge entspricht der errechneten Gesamtlänge des fertigen Vorhangs plus 9,5 cm Saumzugabe.

1 Schneiden Sie die benötigten Teile aus beiden Dekostoffen und dem Futterstoff zu. Legen Sie die beiden Vorhangteile rechts auf rechts so aufeinander, dass eine Längsseite des Kontraststreifens genau mit einer schmalen Seite des großen Vorhangteils abschließt. Stecken Sie die Teile mit einer Nahtzugabe von 1,5 cm zusammen. Nähen Sie die Teile mit der Maschine zusammen und bügeln Sie die Nahtzugabe auseinander.

2 Bügeln Sie an beiden Seitenrändern einen einfachen Saum von 5 cm auf die linke Seite um und stecken Sie ihn fest. Befestigen Sie die Säume mit Zickzack-Saumstich (s. S. 191), fangen Sie dabei 12,5 cm vom oberen Rand entfernt an und hören Sie 20 cm vom unteren Rand entfernt auf.

5 Klappen Sie die noch nicht befestigten oberen Abschnitte der seitlichen Säume wieder auf. Bügeln Sie am oberen Vorhangrand einen einfachen Saum von 2 cm um.

6 Schneiden Sie einen Streifen Buckram zu, dessen Länge genau der Breite des fertigen Vorhangs entspricht. Schneiden Sie den Streifen auf die halbe Breite (5 cm) zu und schieben Sie ihn unter die Säume am oberen Vorhangende. Schließen Sie die verbleibenden Abschnitte der seitlichen Säume mit Zickzack-Saumstich (s. S. 191).

3 Bügeln Sie am unteren Rand einen Doppelsaum von 7,5 cm um. Arbeiten Sie dort, wo seitlicher und unterer Saum zusammentreffen, je eine Briefecke (s. S. 195). Nähen Sie je ein mit Kaliko umhülltes Gewicht in die unteren Saumecken ein (s. S. 194). Befestigen Sie die noch offenen Abschnitte der seitlichen Säume sowie den unteren Saum mit Zickzack-Saumstich. Schließen Sie die Briefecken mit Staffierstich (s. S. 190).

4 Bügeln Sie am unteren Ende des Futters einen Doppelsaum von 5 cm auf die linke Seite um. Steppen Sie den unteren Saum mit der Maschine ab. Bügeln Sie an beiden Längsseiten einen einfachen Saum von 2,5 cm und am oberen Rand einen einfachen Saum von 2 cm um.

7 Legen Sie das Futter links auf links auf den Vorhangstoff. Die oberen Ränder schließen genau ab, an den Seiten und unten sind jeweils 2,5 cm vom Vorhangstoff zu sehen. Stecken Sie das Futter an den Seiten und oben fest und nähen Sie es an den beiden Längsseiten mit Staffierstich an (s. S. 190).

8 Heften Sie Vorhangstoff und Futter direkt unter dem Rand des Buckramstreifens zusammen, damit dieser nicht verrutschen kann.

TIPP

Sie wollen einen solchen zweifarbigen Vorhang mit traditionellem Faltenbund herstellen? Dann sollten Sie sich an den Informationen für den Stoffbedarf auf S. 70 orientieren, müssen aber auch die für die jeweiligen Projekte gemachten Angaben zur optimalen Vorhangbreite beachten. Damit bekommt der Vorhang das notwendige Volumen.

VARIATION

Ein breiter Saum aus kontrastierendem Stoff wirkt luxuriös und dramatisch, wenn dafür kräftige Farben gewählt werden. In diesem traditionell eingerichteten Esszimmer sind die üppigen bodenlangen Seidenvorhänge der absolute Blickfang. Zugezogen bedecken sie die Fenster- und angrenzenden Wandflächen vollständig. Für den Querbehang wurde eine Stoffbahn im Farbton der Saumkante mit Fransenborte verziert und über eine zweite, vor den Vorhängen angebrachte Stange drapiert.

9 Steppen Sie den oberen Vorhangrand mit der Maschine knappkantig ab, sodass der Buckramstreifen fixiert wird. Ziehen Sie eine zweite Steppnaht direkt unterhalb des Streifens in Höhe der Heftnaht.

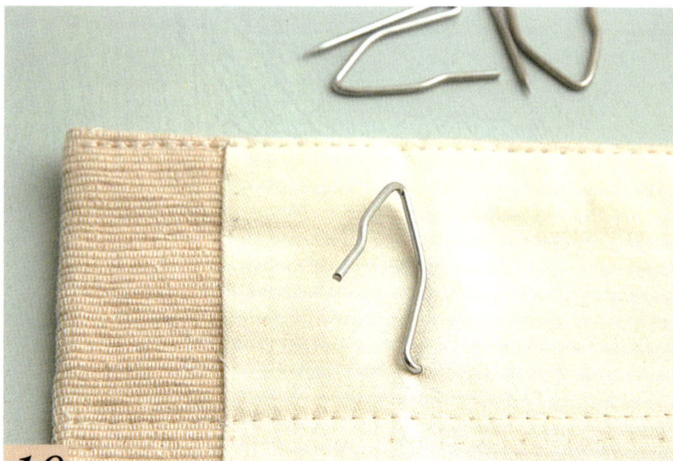

10 Zählen Sie die Ringe an Ihrer Gardinenstange. Stechen Sie die entsprechende Anzahl von Faltenhaken auf der Vorhangrückseite in den versteiften oberen Rand. Befestigen Sie die beiden äußeren Haken jeweils 2,5 bis 5 cm von der Seitenkante des Vorhangs entfernt und bringen Sie die restlichen Haken in regelmäßigen Abständen an.

Vorhang im Kaffeehaus-Stil

Solche hübschen Vorhänge mit gebogtem Abschluss schützen den Raum vor neugierigen Blicken, lassen aber trotzdem genügend Licht hinein. Die ungefütterten Vorhänge bedecken die untere Hälfte des Fensters. Dekorative Details sind die Formblende am oberen Rand und die kleinen Knöpfe. Diese Art der Vorhänge eignet sich besonders für Küchen und Badezimmer.

MATERIAL

- Dekostoff – Maße s. rechte Seite
- Passendes Nähgarn
- Papier für die Schablone
- Schneiderkreide
- Kleine Knöpfe

STOFFBEDARF

- Messen Sie Ihr Fenster von der gewünschten Höhe der Gardinenstange bis zum Fensterbrett, um zu wissen, wie lang der fertige Vorhang sein muss (s. S. 186). Rechnen Sie 5 cm für Saum- und Nahtzugaben dazu.
- Bei dieser Aufhängung sollte der Vorhang eineinviertel- bis eineinhalbmal so breit sein wie das Fenster, damit er das notwendige Volumen bekommt.
- Die Blende ist ein 25 cm breiter Streifen, dessen Länge der errechneten Vorhangbreite entspricht.

TIPP

Wenn Sie Ihren Vorhang richtig „komplett" aussehen lassen wollen, können Sie die Formblende bis zum unteren Ende des Vorhangs verlängern. Nähen Sie die beiden Säume aber nicht zusammen.

1 Schneiden Sie die Vorhangbahn und die Blende in der erforderlichen Länge und Breite zu. Nähen Sie mehrere Bahnen mit Kappnähten (s. S. 193) zusammen, wenn nötig. Fertigen Sie nach der Anleitung auf S. 201 eine Papierschablone für die Bogenkante an. Bügeln Sie an einer Längsseite der Blende einen Doppelsaum von 1 cm auf die linke Stoffseite um und stecken Sie ihn fest. Steppen Sie den Saum mit der Maschine ab.

2 Legen Sie Vorhang und Blende rechts auf rechts zusammen. Die ungesäumten oberen Ränder liegen genau übereinander. Legen Sie die Papierschablone auf. Halten Sie dabei einen Abstand von je 1 cm vom oberen und von den seitlichen Rändern ein. Stecken Sie die Schablone fest. Ziehen Sie die Bögen und die Seitenränder der Schablone mit Schneiderkreide nach. Entfernen Sie die Schablone.

3 Stecken und heften Sie die beiden Stofflagen den Kreidelinien folgend zusammen. Die seitlichen Heftnähte enden an der Unterkante der Blende.

7 Bügeln Sie an den noch unversäuberten Seitenrändern des Vorhangs einen Doppelsaum von 6 mm um und stecken Sie ihn fest. Steppen Sie die Säume mit der Maschine ab.

8 Bügeln Sie am unteren Rand des Vorhangs einen Doppelsaum von 2 cm auf die linke Seite um und befestigen Sie ihn mit Saumstich (s. S. 191).

9 Schlagen Sie an den Stoffteilen zwischen den ausgeschnittenen Bögen je 4 cm auf die linke Seite um. Stecken Sie die Teile zusammen und schließen Sie die so entstandenen Schlaufen mit Saumstich (s. S. 191).

4 Nähen Sie die beiden Lagen den Kreidelinien folgend mit der Maschine zusammen. Entfernen Sie den Heftfaden. Schneiden Sie die Bögen aus. Lassen Sie dabei eine Nahtzugabe von 1 cm stehen.

5 Schneiden Sie kleine Kerben in die Nahtzugabe im abgerundeten Teil der Bögen. Achten Sie darauf, dass zwischen Kerbe und Naht mindestens 3 mm Abstand bleiben. Schneiden Sie am oberen Ende die Ecken der Nahtzugabe ab.

6 Drehen Sie den gebogten oberen Teil des Vorhangs auf rechts. Schieben Sie die Ecken mit einem spitzen Gegenstand, z. B. einer Schere, vorsichtig nach außen. Bügeln Sie die Ränder glatt.

10 Nähen Sie auf der Vorhangvorderseite an jede Schlaufe einen Knopf an. Der Abstand sollte 5 cm vom oberen Stoffbruch betragen.

VARIATION

Ganz schnell geht es, wenn Sie für solch einen halbhohen Vorhang alten Spitzenstoff oder Haushaltwäsche aus dem Antiquitätengeschäft verwenden. Hier wurde einfach ein Spanndraht durch ein altes Tablettdeckchen mit einer wunderschönen Häkelkante gefädelt und die obere Kante nach vorn geklappt. Diese Variante schirmt einen zur Straße gelegenen Raum ab und sieht von beiden Seiten attraktiv aus.

Ösen-Vorhänge

In einfachen Falten fallende Vorhänge mit Ösen-Aufhängung sind eine schicke Art der Fensterdekoration, die modern und sachlich wirkt. Die hier abgebildeten Vorhänge schmücken eine Landhaus-Küche. Die dahinter liegende Tür führt hinaus in den Garten.

MATERIAL

- Dekostoff – Maße s. rechte Seite
- Futterstoff – Maße s. rechte Seite
- Ösenband – Maße s. rechte Seite
- Passendes Nähgarn
- Gewichte für den Saum (s. S. 194)
- Maßband oder Lineal

STOFFBEDARF

- Messen Sie Ihr Fenster, um zu wissen, wie breit und lang die fertigen Vorhänge sein müssen. Rechnen Sie bei der Länge 17 cm für Saumzugaben dazu.
- Damit der Vorhang das nötige Volumen bekommt, sollte der Stoff bei dieser Aufhängung etwa eineinhalb- bis zweimal so breit sein wie das Fenster. Die genaue Breite hängt jedoch von der Länge des Ösenbandes ab (s. unten). Rechnen Sie bei der Stoffbreite 10 cm für Saumzugaben dazu.
- Beim Ösenband ist wichtig, dass Sie am Ende eine gerade Anzahl von Ösen haben und dass der äußerste Punkt der ersten und letzten Öse ca. 4 cm von der Seitenkante entfernt ist. Geben Sie bei der Bandlänge pro Seite 2 cm für die Versäuberung dazu. Berechnen Sie die genaue Breite Ihres Vorhangstoffes auf der Grundlage der Bandlänge.
- Für die Breite des Futterstoffs ziehen Sie von der errechneten Breite des Dekostoffes 10 cm ab, in der Länge sind es 7,5 cm weniger.

1 Schneiden Sie die benötigten Teile aus Deko- und Futterstoff zu. Nähen Sie mehrere Bahnen zusammen, um auf die nötige Vorhangbreite zu kommen (s. S. 192). Bügeln Sie an beiden Längsseiten des Vorhangstoffes einen einfachen Saum von 5 cm um. Befestigen Sie die Säume mit Zickzack-Saumstich (s. S. 191), lassen Sie aber unten 20 cm offen.

2 Bügeln Sie am unteren Rand des Vorhangstoffes einen Doppelsaum von 7,5 cm auf die linke Seite um.

3 Arbeiten Sie dort, wo unterer und seitlicher Saum zusammentreffen, je eine saubere Briefecke (s. S. 195). Nähen Sie je ein mit Kaliko umhülltes Gewicht in die unteren Saumecken ein (s. S. 194). Wenn Sie mehrere Bahnen zusammengenäht haben, sollten Sie an jeder Naht ein weiteres Gewicht in den Saum einnähen. Befestigen Sie die noch offenen Abschnitte der seitlichen Säume sowie den unteren Saum mit Zickzack-Saumstich.

6 Bügeln Sie am oberen Rand einen einfachen Saum von 2 cm nach innen um. Breiten Sie den Vorhang mit dem Futter nach oben aus. Schneiden Sie das Ösenband in der erforderlichen Länge zu und legen Sie es so auf, dass es oben mit dem Stoffbruch abschließt und an jeder Seite 2 cm übersteht. Schieben Sie die überstehenden Enden zwischen Band und Vorhang und stecken Sie das Band fest.

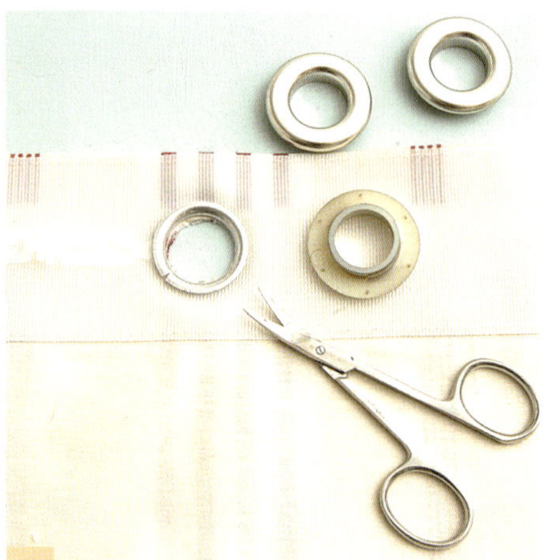

7 Nähen Sie das Band mit der Maschine fest, zuerst eine kurze Seite nach oben, dann die Oberseite, die gegenüberliegende kurze Seite nach unten und schließlich die Unterseite. Entfernen Sie die Stecknadeln. Schneiden Sie den Stoff innerhalb der Ösen mit einer scharfen Stickschere aus. Es ist nicht schlimm, wenn der Stoff franst, da die Schnittränder später vom Abdeckring der Öse verdeckt werden.

8 Drehen Sie den Vorhang um und befestigen Sie die Abdeckringe über den ausgeschnittenen Kreisen. Drücken Sie die Ösen möglichst fest zusammen. Fädeln Sie die Gardinenstange durch die Ösen. Schieben Sie die Stange dabei an der ersten Öse von der Vorhangvorderseite nach hinten und an der letzten von der Rückseite nach vorn.

4 Schließen Sie die Briefecken mit Staffierstich (s. S. 190). Breiten Sie den Futterstoff mit der linken Seite nach oben aus. Bügeln Sie am unteren Rand einen Doppelsaum von 5 cm auf die linke Seite um und stecken Sie ihn fest. Steppen Sie den Saum mit der Maschine ab. Bügeln Sie an beiden Längsseiten einen einfachen Saum von 2,5 cm um.

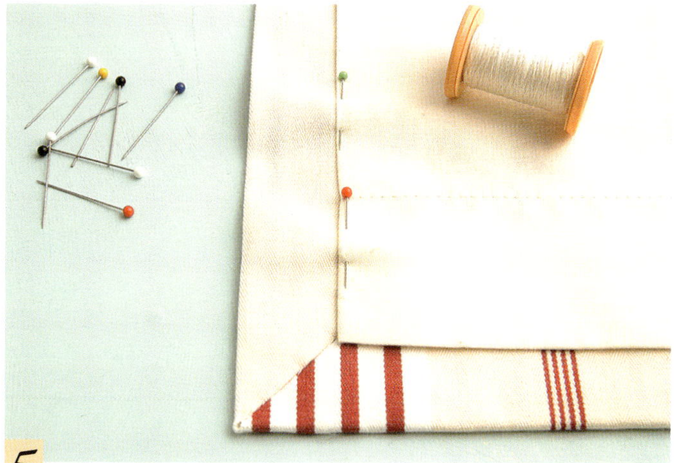

5 Legen Sie das Futter links auf links auf den gesäumten Vorhang. Die unversäuberten oberen Ränder schließen genau ab, an den Seiten und unten sind jeweils 2,5 cm vom Vorhangstoff zu sehen. Stecken Sie das Futter an den Seiten und oben fest und nähen Sie es an den beiden Längsseiten mit Staffierstich an (s. S. 190).

TIPP

Wenn Sie im Fachgeschäft oder im Internet kein Ösenband finden, verwenden Sie große einzelne Ösen. Diese werden mit einem Stanzeisen oder einer Ösenzange befestigt, die Sie im Heimwerkerbedarf bekommen. Richten Sie sich nach den Hinweisen auf S. 80, wenn es um die Berechnung der richtigen Anzahl von Ösen geht. Die Mittelpunkte der Ösen sollten ca. 15cm voneinander entfernt sein. Arbeiten Sie einen Streifen leichten Buckrams in den Vorhangabschluss ein, damit das Ganze stabiler wird. Schneiden Sie den Vorhang mit einer Saumzugabe von 5cm für oben zu. Folgen Sie den Anleitungen bis Schritt 3, gehen Sie dann zum Projekt Vorhänge mit Flämischen Falten und folgen Sie den Schritten 2, 3, 4 und 5 (S. 52–53) zum Einsetzen des Buckramstreifens und zur Fertigstellung des Vorhangs.

VARIATION

Die vorn abgebildeten gestreiften Küchenvorhänge sind bewusst schlicht gehalten und passen deshalb hervorragend in die Landhaus-Küche. Vorhänge mit Ösen-Aufhängung können jedoch auch klassisch wirken. Das hängt vor allem von der Stoffwahl ab. Ein hochwertiger gemusterter Stoff kommt durch die geradlinige Aufhängung ohne Einreihung des Materials perfekt zur Geltung.

Vorhänge mit geriehenem Tunnel

Für diese hübsche Deko-Variante werden nur gerade Nähte gebraucht. Der Vorhang wird einfach auf der Stange zusammengeschoben. Lassen Sie darüber ein Köpfchen stehen, das sieht schöner aus. Unsere mit Pomponborte verzierten Vorhänge schmücken ein kleines Schlafzimmerfenster. Tagsüber werden sie einfach um die hölzernen Vorhanghalter gelegt. Wenn Sie die Vorhanghalter relativ weit oben anbringen, fallen die Vorhänge eleganter.

MATERIAL

- Dekostoff – Maße s. rechte Seite
- Passendes Nähgarn
- Gewichte für den Saum (s. S. 194)
- Etwas Kaliko zum Umhüllen der Gewichte
- Gebrauchsfertige Pomponborte – Maße s. rechte Seite

STOFFBEDARF

- Messen Sie Ihr Fenster, um zu wissen, wie breit und lang die fertigen Vorhänge sein müssen (s. S. 186). Rechnen Sie bei der Länge 10 cm Saumzugabe für unten und 25 cm für den oberen Abschluss dazu.
- Damit der Vorhang das nötige Volumen bekommt, sollte er bei dieser Aufhängung etwa zweimal so breit sein wie das Fenster.
- Für die Pomponborte berechnen Sie zweimal die Länge des fertigen Vorhangs plus 10 cm pro Schal.

1 Schneiden Sie die benötigten Teile zu. Wenn mit einer Bahn die erforderliche Vorhangbreite nicht erreicht wird, nähen Sie mehrere Bahnen mit Kappnähten zusammen (s. S. 193). Bügeln Sie an beiden Längsseiten einen Doppelsaum von 1,5 cm auf die linke Seite um, stecken Sie ihn fest und befestigen Sie ihn mit Staffierstich (s. S. 190).

2 Bügeln Sie am unteren Rand des Vorhangs einen Doppelsaum von 5 cm auf die linke Seite um.

3 Umhüllen Sie die erforderliche Anzahl von Gewichten mit Kaliko (s. S. 194), rechnen Sie eines pro Ecke und ein weiteres pro Kappnaht. Falten Sie den unteren Saum wieder auf. Stecken Sie die Taschen an der Innenseite des ersten Umschlags fest. Nähen Sie die Taschen mit der Hand an.

5 Bügeln Sie am oberen Vorhangrand einen einfachen Saum von 1 cm auf die linke Seite um, dann einen weiteren von 15 cm. Stecken Sie den Saum fest.

6 Entfernen Sie an der Innenkante des Vorhangs einige Stecknadeln und klappen Sie den Saum dort wieder auf. Richten Sie die Pomponborte am Stoffbruch des seitlichen Saums aus und stecken Sie sie fest. Die letzte Nadel befindet sich in Höhe der Saumkante, 15 cm vom oberen Rand entfernt (s. Abb.). Befestigen Sie die Pomponborte mit Staffierstich am seitlichen Saum.

7 Schlagen Sie den offenen Abschnitt des Saums wieder um und stecken Sie ihn fest. Nähen Sie den oberen Teil der offenen Seite mit Staffierstich zusammen, fassen Sie dabei die Pomponborte mit. Offen bleibt ein Abschnitt von 6 cm von der unteren Saumkante gerechnet.

4 Schlagen Sie den unteren Saum wieder um und stecken Sie ihn fest. Die Gewichte befinden sich jetzt im Saum. Schließen Sie die offenen Seiten des Saums mit Staffierstich. Befestigen Sie dann den oberen Saumrand mit Staffierstich (s. S. 190).

8 Steppen Sie die untere Saumkante mit der Maschine ab. Messen Sie dann von der Kante nach oben 6 cm ab und markieren Sie die Maßlinie mit Stecknadeln. Ziehen Sie eine Maschinennaht entlang der Markierungen, um den Tunnel für die Gardinenstange fertig zu stellen. Ziehen Sie den Vorhang über die Stange und schieben Sie den Stoff gleichmäßig zusammen.

TIPP

Diese Art der Aufhängung eignet sich auch für ein Wohnzimmer im traditionellen Stil. Wählen Sie einen passenden Stoff und vor allem eine andere Art der Verzierung. Dafür gibt es zahlreiche Alternativen, z. B. wunderschöne Litzen, Bogen- oder Schlaufenborten, Kordeln oder eine der unzähligen Quastenvarianten.

VARIATION

Auch bei Vorhängen, für die herkömmliches Kräuselband verwendet wird, sieht ein Köpfchen als Abschluss sehr hübsch aus. Hier verleiht es dem einfachen Fenster einen Touch von Landhaus. Die Vorhänge wurden extra-lang gearbeitet, sodass sie in Falten bis auf den Boden fallen und das blau gestrichene Fenster mit dem niedrigen Fensterbrett vollständig einrahmen.

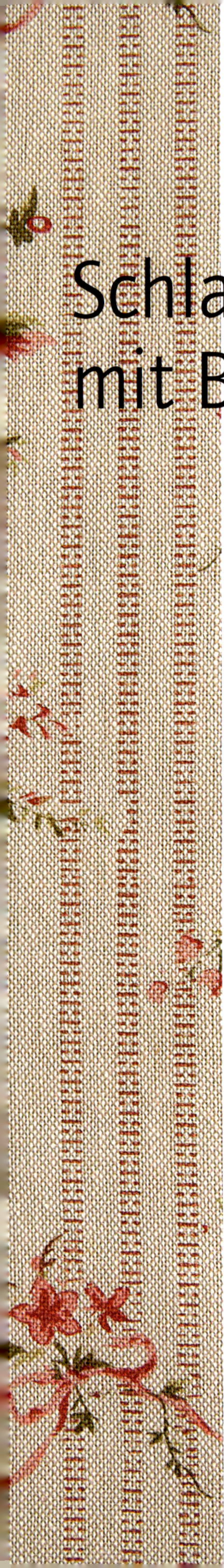

Schlaufen-Vorhänge mit Bordüre

An diesen einfachen gestreiften Türvorhang wurde oben ein Streifen aus hübsch gemustertem Stoff angesetzt. Das ist eine der Möglichkeiten, eine kleine Menge eines teuren Dekostoffes in die Gestaltung einzubeziehen. Der Vorhang hat leicht zu nähende Schlaufen und hängt an einer dünnen Stange. So kann er leicht zur Seite geschoben werden, wenn die Tür frei sein soll.

MATERIAL

- Dekostoff – Maße s. rechte Seite
- Kontrastierender Dekostoff – Maße s. rechte Seite

STOFFBEDARF

- Messen Sie Ihr Fenster oder Ihre Tür, um zu wissen, wie breit und lang der fertige Vorhang sein muss (s. S. 186). Ziehen Sie bei der Länge 10 cm für die Schlaufen ab und rechnen Sie 11,5 cm Saumzugabe dazu.
- Damit der Vorhang das nötige Volumen bekommt, sollte er bei dieser Aufhängung etwa eineinhalbmal so breit sein wie die Tür.
- Rechnen Sie aus, wie viele Schlaufen Sie benötigen. Der Abstand zwischen den Schlaufen sollte ca. 10 cm betragen (s. S. 199). Planen Sie pro Schlaufe einen Streifen von 10 x 23 cm im Material des Vorhangs ein.
- Planen Sie Vorhangstoff für eine 6,5 cm breite Abschlussblende ein, deren Länge der Vorhangbreite entspricht.
- Der Streifen aus dem kontrastierenden Dekostoff hat folgende Maße: Die Länge entspricht der Vorhangbreite, zur gewünschten Breite rechnen Sie noch 6,5 cm für Säume dazu.

1 Schneiden Sie den Vorhang und die Abschlussblende aus dem Dekostoff zu. Nähen Sie Bahnen zusammen, wenn nötig (s. S. 192). Schneiden Sie den Streifen für die Bordüre aus dem kontrastierenden Dekostoff zu. Nähen Sie auch hier Teile zusammen, wenn die Stoffbreite nicht ausreicht. Bügeln Sie an einer Längsseite des Kontraststreifens einen einfachen Saum von 1 cm auf die linke Seite um, dann einen weiteren von 4,5 cm. Steppen Sie den Saum mit der Maschine ab.

2 Breiten Sie den Vorhang mit der rechten Seite nach oben aus. Legen Sie den Kontraststreifen mit der rechten Seite nach oben so auf, dass die unversäuberten oberen und seitlichen Ränder übereinander liegen. Stecken Sie den Kontraststreifen oben, an den Seiten und am abgesteppten Saum zusammen.

3 Bügeln Sie an beiden Längsseiten des Vorhangs einen Doppelsaum von 1 cm nach innen um. Schlagen Sie dabei an der Kontrastkante beide Stofflagen zusammen um. Stecken Sie die Säume zusammen und steppen Sie sie mit der Maschine ab.

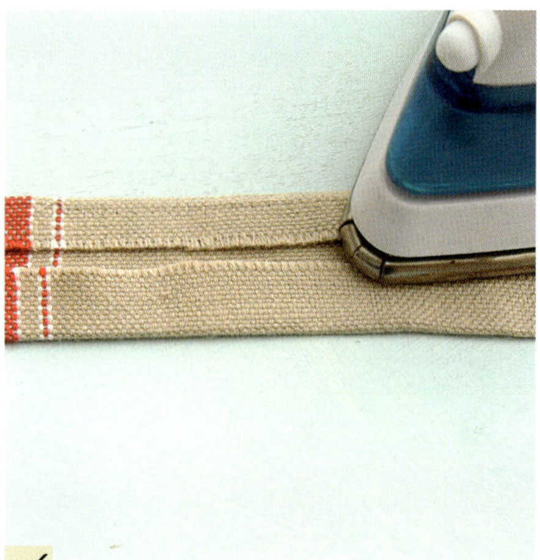

4 Bügeln Sie an allen Rändern der Abschlussblende einen einfachen Saum von 1,5 cm auf die linke Stoffseite um.

5 Bügeln Sie am oberen Vorhangrand einen einfachen Saum von 1,5 cm auf die linke Seite um. Schlagen Sie dabei beide Stofflagen zusammen um. Stecken Sie den Saum fest.

TIPP

Bei der Berechnung der Stoffmenge müssen Sie sorgfältig überlegen, wie Sie den kontrastierenden Stoff zuschneiden wollen. In unserem Beispiel verlaufen die Streifen einmal senkrecht und einmal waagerecht, das sieht interessanter aus. Die einfarbigen Schlaufen wurden aus dem Stoff zwischen den Streifen zugeschnitten.

VARIATION

Auch ein Rollo kann an Schlaufen hängen, die aber nur eine dekorative Funktion haben. Das Rollo wird genäht wie immer (s. S. 132 – 137). Die Schlaufen werden oberhalb des Klettbandes angenäht, mit dem das Rollo an der bezogenen Holzleiste angebracht wird. Für die Schlaufen wird darüber eine Extra-Stange befestigt.

6 Schneiden Sie die benötigte Anzahl Schlaufen zu und nähen Sie diese nach der Anleitung auf S. 199. Falten Sie die Schlaufen auf die Hälfte zusammen, die Mittelnaht befindet sich an der Innenseite. Stecken Sie die Schlaufen an den oberen Vorhangsaum, achten Sie dabei darauf, dass die unversäuberten Schmalseiten genau übereinander liegen und dass die erste und letzte Schlaufe mit der Seitenkante des Vorhangs abschließt.

7 Verteilen Sie die verbleibenden Schlaufen in gleichmäßigen Abständen. Heften Sie die Schlaufen an. Stecken Sie die Blende links auf links an den oberen Vorhangrand. Die umgebügelten Ränder schließen oben und seitlich genau mit dem Vorhang ab und die Schlaufen werden verdeckt. Steppen Sie die Blende mit der Maschine rundum knappkantig ab.

8 Bügeln Sie am unteren Rand des Vorhangs einen Doppelsaum von 5 cm um und stecken Sie ihn fest. Steppen Sie den Saum mit der Maschine knappkantig ab. Schließen Sie die offenen Seiten des Saums mit Staffierstich (s. S. 190).

GARDINEN

Stores mit Umschlag

Diese halb-transparenten Stores wurden aus fein gewebtem Baumwollstoff hergestellt. Das besondere Detail ist der feminine Umschlag mit dem wunderschönen Perlenbesatz. Eine luftig-leichte Dekoration für ein helles Esszimmer. Der einfache geriebene Tunnel, der über die Stange geschoben wird, macht Kräuselband überflüssig. Auch das trägt zum schlichten, aufgeräumten Gesamteindruck bei.

MATERIAL

- Dekostoff – Maße s. rechte Seite
- Passendes Nähgarn
- Etwas Bügeleinlage
- Schneiderkreide
- Maßband oder Lineal
- Perlenborte – Maße s. rechte Seite

STOFFBEDARF

- Messen Sie Ihr Fenster, um zu wissen, wie breit und lang die fertigen Stores sein müssen (s. S. 186). Rechnen Sie bei der Länge 30 cm für den Umschlag und 10 cm Saumzugabe dazu.
- Damit Gardinen mit dieser Aufhängung die nötige Fülle aufweisen, sollten sie eineinhalbmal so breit wie das Fenster sein.
- Die Länge der Perlenborte entspricht der Gesamtbreite der Stores plus 2,5 cm Überstand pro Seite.

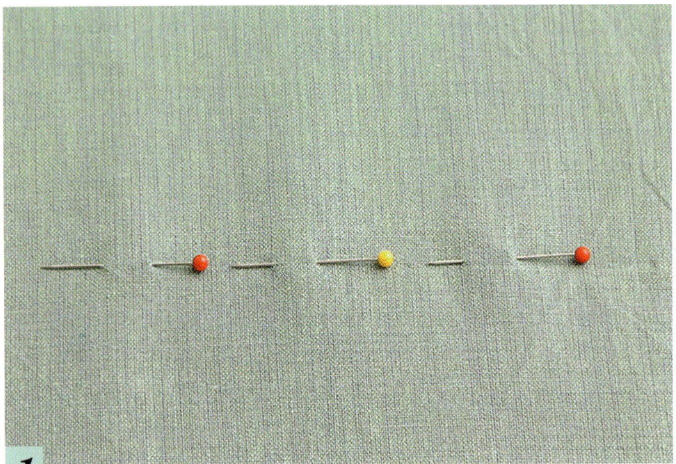

1 Schneiden Sie die für die Stores benötigten Teile zu. Liegt der Stoff nicht breit genug, müssen Sie schmalere Bahnen mit Kappnähten zusammennähen (s. S. 193), um auf die benötigte Breite zu kommen. Breiten Sie einen Store mit der linken Seite nach oben aus und messen Sie vom oberen Rand 30 cm ab. Markieren Sie die Maßlinie über die gesamte Breite mit Stecknadeln. Wiederholen Sie diesen Arbeitsschritt für den zweiten Store.

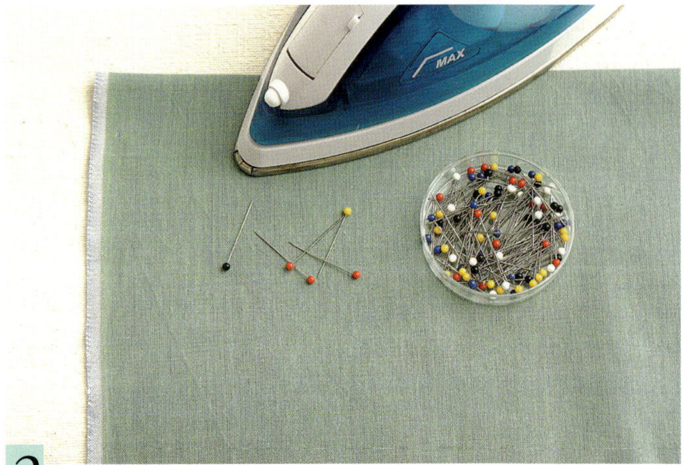

2 Breiten Sie einen Store mit der rechten Seite nach oben aus und bügeln Sie den Umschlag an der Maßlinie um. Entfernen Sie die Stecknadeln.

3 Falten Sie den Umschlag auf und drehen Sie den Store wieder um, sodass die linke Seite oben liegt. Messen Sie an beiden Längsseiten von der Bruchlinie 4 cm nach unten ab und markieren Sie diese Position mit Stecknadeln. Schneiden Sie den Seitenrand in dieser Höhe waagerecht 3 cm ein.

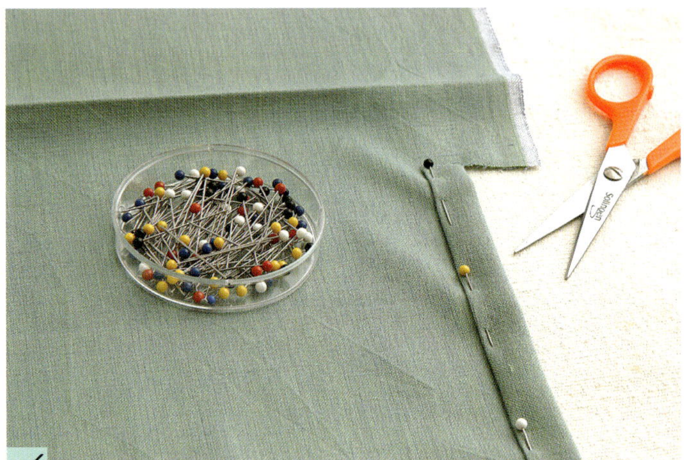

4 Bügeln Sie unterhalb der Einschnitte an beiden Seitenrändern einen Doppelsaum von 1,5 cm um und stecken Sie ihn fest. Steppen Sie die Säume mit der Maschine ab, beziehen Sie dabei auch die offene Schmalseite der Säume an der Einschnittstelle ein.

TIPP

Für diese Stores sollte kein Stoff mit unansehnlicher linker Seite gewählt werden, da diese am Umschlag sichtbar wird. Wenn Sie keinen Wendestoff haben oder lieber ein gemustertes Gewebe verwenden wollen, legen Sie den Stoff oben nicht um. Nähen Sie stattdessen am oberen Rand einen entsprechend breiten Streifen an, dessen rechte Seite nach dem Umschlagen nach vorn zeigt.

5 Drehen Sie den Store um, sodass die rechte Seite oben liegt. Bügeln Sie an beiden Seiten oberhalb der waagerechten Einschnitte einen Doppelsaum von 1,5 cm auf die rechte Stoffseite um und stecken Sie ihn fest. Steppen Sie die Säume mit der Maschine ab, beziehen Sie auch hier die Schmalseiten an der Einschnittstelle mit ein.

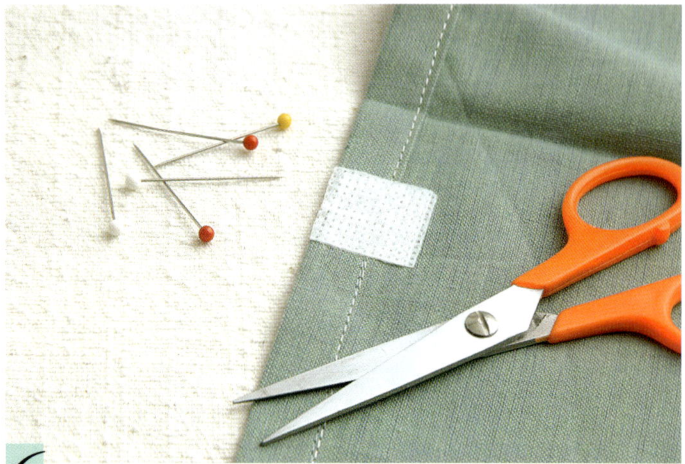

6 Schneiden Sie zwei 2×2 cm große Stücke Bügeleinlage zu. Legen Sie auf der rechten Stoffseite je ein Viereck auf die Einschnittstelle, wo die Säume zusammentreffen. Bügeln Sie die Flecken fest, um die Seitenränder zu verstärken.

9 Bügeln Sie am unteren Rand des Umschlags einen Doppelsaum von 1,5 cm nach innen um und stecken Sie ihn fest. Heften Sie den Saum.

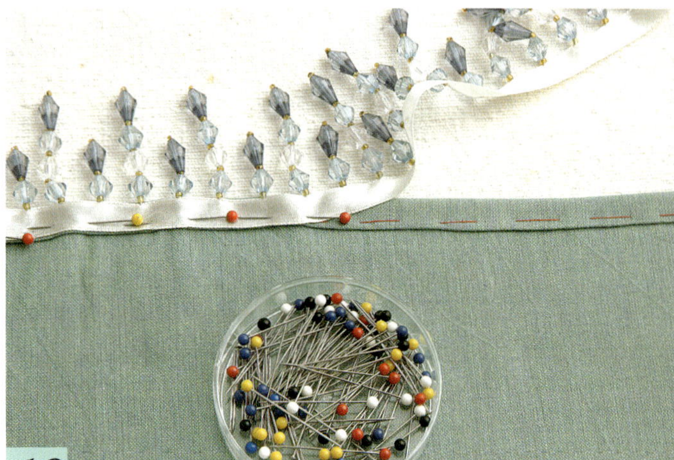

10 Legen Sie die Perlenborte an der Innenseite des Umschlags so auf den gehefteten Saum, dass der Bortenrand genau mit der inneren Saumkante abschließt. Schieben Sie den Überstand an den Seiten zwischen Borte und Saum. Stecken Sie die Borte fest. Nähen Sie die Borte mit der Maschine an, verwenden Sie dafür den Reißverschlussfuß Ihrer Maschine. Wiederholen Sie die Arbeitsschritte 2 bis 10 für den zweiten Store.

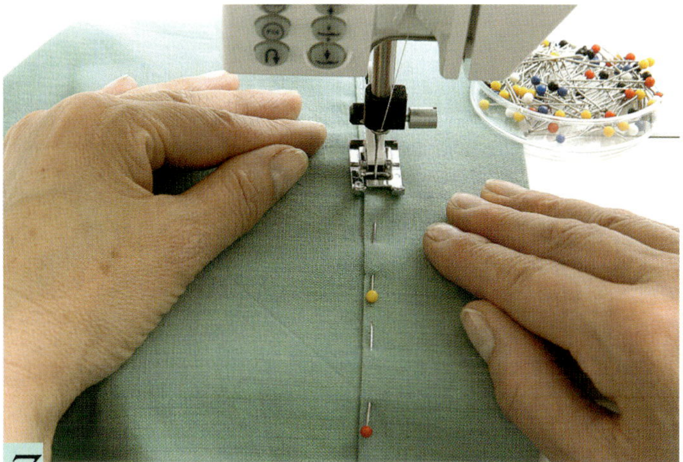

7 Bügeln Sie am unteren Rand des Stores einen Doppelsaum von 5 cm um und stecken Sie ihn fest. Steppen Sie den Saum mit der Maschine knappkantig ab.

8 Klappen Sie den Umschlag auf die Vorderseite des Stores um. Messen Sie für den Tunnel vom Stoffbruch 5 cm nach unten ab und markieren Sie die Linie mit Schneiderkreide und Lineal. Stecken Sie die Stofflagen an der Kreidelinie zusammen und steppen Sie den Tunnel mit der Maschine an der Kreidelinie ab.

VARIATION

Statt einer fertig erhältlichen Perlenborte können Sie den Rand des Umschlags natürlich auch mit einzelnen Perlen verzieren, die mit der Hand angenäht werden. Stechen Sie in die Umschlagkante ein und fädeln Sie zwei oder mehr Perlen auf die Nadel. Wickeln Sie den Faden am Ende um eine kleine Abschlussperle und führen Sie die Nadel wieder zurück durch die anderen Perlen. Fixieren Sie das Ganze mit einigen kleinen Stichen.

DEKORIEREN LEICHT GEMACHT

Freihanddekorationen

Lassen Sie sich doch einmal vom Norden inspirieren. In den nördlichen Regionen Skandinaviens, aber auch in Kanada und Alaska, sind die Winter lang und dunkel und Tageslicht ist kostbar. Deshalb sind schwere Fensterdekorationen in diesen Regionen nicht üblich. Oft wird nur eine Musselin- oder Voilebahn locker um eine Stange geschlungen, damit so viel Licht ins Zimmer gelangt wie möglich. Aber auch wenn Sie im Winter nicht auf Ihre langen, schweren Vorhänge verzichten wollen, können Sie über eine leichte Sommer-Alternative nachdenken. Nehmen Sie die Wintervorhänge ab und schlingen Sie eine Bahn aus feinem Musselin oder aus Seide um die Stangen. Eine mit dem Stoff mitgeführte rote Kordel setzt einen hübschen Farbakzent.

VARIATION

Natürlich ist diese Art der Dekoration nicht auf Musselin oder Sommer-Varianten beschränkt. Hier wird die Strenge des Rollos durch den elegant drapierten Baumwollstoff aufgelockert. Die Stoffbahn wurde über die hölzerne Stange gelegt und hängt an den Seiten asymmetrisch herunter.

Panel mit Bogenkante

Für diesen hübschen Fensterschmuck haben wir einen weichen Stoff mit dezentem Webkaro verwendet. Sie können das Panel herunterlassen, dann verdeckt es das ganze Fenster. Wenn Sie aber ein bisschen vom Garten sehen wollen, können Sie die Gardine mit seitlich angebrachten Schlaufen hochraffen. Die hübsche Bogenkante ist ein besonderer Blickfang an diesem ansonsten schlichten Fenster. Auf S. 144 finden Sie eine Abbildung, auf der dieses Panel mit einem Raffrollo kombiniert ist.

MATERIAL

- Transparenter Gardinenstoff – Maße s. rechte Seite
- 3 mm breites Band für die Schlaufen – Maße s. Arbeitsschritt 9
- Passendes Nähgarn
- Papier für die Schablone
- Schneiderkreide
- Aufhängung – Gardinendraht mit Kunststoffbeschichtung, Haken und Ösen
- Drahtschere

STOFFBEDARF

- Messen Sie Ihr Fenster, um zu wissen, wie breit und lang das fertige Panel sein muss (s.S.187).
- Rechnen Sie bei der Breite 4 cm Saumzugabe und bei der Länge 4,5 cm Naht- und Saumzugabe dazu.
- Die Blende für die Bogenkante ist ein 20 cm breiter Streifen, dessen Länge der errechneten Panelbreite mit Saumzugabe entspricht.

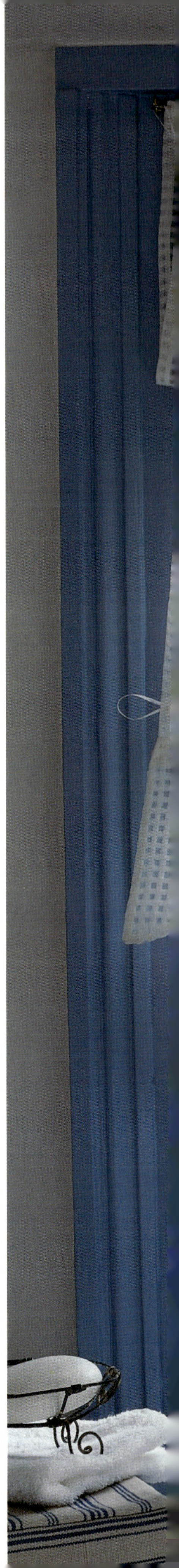

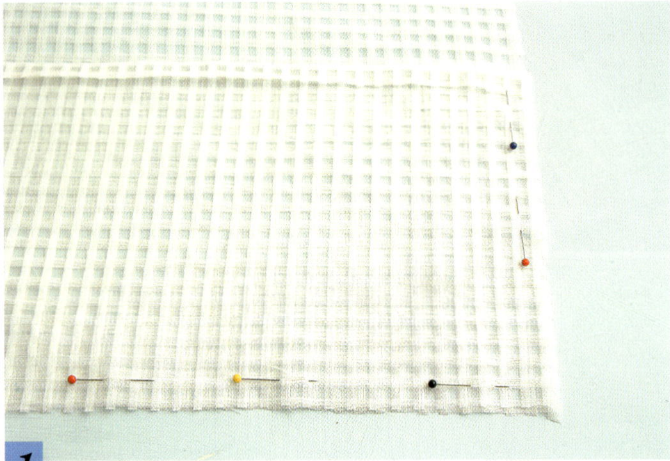

1 Schneiden Sie das Panel und die Blende zu. Liegt der Stoff nicht breit genug, müssen Sie schmalere Bahnen mit Kappnähten zusammennähen (s. S. 193), um auf die benötigte Breite zu kommen. Fertigen Sie eine Schablone für die Bogenkante an, folgen Sie dabei der Anleitung auf S. 201. Bügeln Sie am oberen Rand der Blende einen Saum von 1,5 cm auf die linke Seite um. Legen Sie die Blende rechts auf rechts so auf das Panel, dass die unversäuberten Ränder unten und seitlich übereinander liegen. Stecken Sie die Teile zusammen.

2 Legen Sie die Schablone auf die Blende. Halten Sie dabei einen Abstand von 1,5 cm zum unteren Rand und von je 2 cm zu den Seitenrändern ein. Stecken Sie die Schablone fest. Ziehen Sie die Bögen und die Schmalseiten der Schablone mit Schneiderkreide nach. Entfernen Sie die Schablone.

4 Schneiden Sie die Bögen aus. Lassen Sie dabei eine Nahtzugabe von 1 cm stehen. Schneiden Sie kleine Kerben in die Nahtzugabe der Bögen und schneiden Sie auch die Nahtzugabe zwischen den einzelnen Bögen vorsichtig bis kurz vor die Naht ein.

5 Schneiden Sie die seitliche Nahtzugabe bis auf 1 cm ab. Beginnen Sie am unteren Rand und hören Sie 1,5 cm unterhalb des Stoffbruchs am oberen Rand der Blende auf.

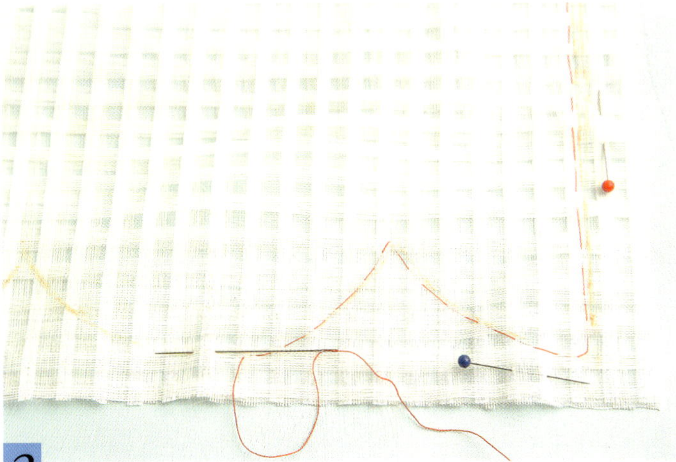

3 Heften Sie die beiden Stofflagen entlang der Kreidelinien zusammen. Nähen Sie die Teile der Heftnaht folgend mit der Maschine zusammen. Entfernen Sie den Heftfaden.

6 Drehen Sie den gebogten unteren Teil des Panels auf rechts. Schieben Sie die Ecken und die Bögen mit einem spitzen Gegenstand, z. B. einer Schere, vorsichtig nach außen. Bügeln Sie die Ränder glatt.

TIPPS

- Es ist ratsam, vor jeder Näharbeit einen Testlauf zu starten, um Nadel, Faden und Fadenlänge an der Nähmaschine genau auf den Stoff abzustimmen. Als Faustregel gilt: Je feiner das Gewebe, desto dünner die Nadel. Wählen Sie für dünne, transparente Stoffe eine Nadel mit normaler Spitze in der Stärke 80, synthetisches Nähgarn und eine geringe Fadenlänge.
- Beim Bügeln können sich weiche Gardinenstoffe kräuseln oder sogar schrumpfen. Testen Sie also immer an einem kleinen Abfallstück. Üben Sie nicht zu viel Druck aus, sondern gehen Sie nur leicht über den Stoff. Steifere Stoffe sind einfacher zu bügeln und erfordern in der Regel keine besonderen Vorsichtsmaßnahmen.

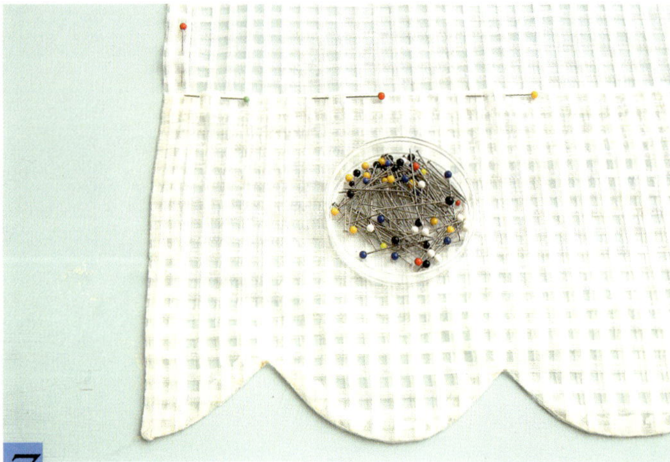

7 Bügeln Sie an den Seitenrändern oberhalb der Blende einen Doppelsaum von 1 cm um und stecken Sie ihn fest. Stecken Sie die umgeschlagene Oberseite der Blende an das Panel und steppen Sie den Saum mit der Maschine knappkantig ab. Steppen Sie dann die seitlichen Säume mit der Maschine ab.

8 Bügeln Sie am oberen Rand einen einfachen Saum von 1 cm auf die linke Panelseite um, dann einen weiteren von 2 cm. Stecken Sie den Saum fest und steppen Sie die Innenkante mit der Maschine knappkantig ab.

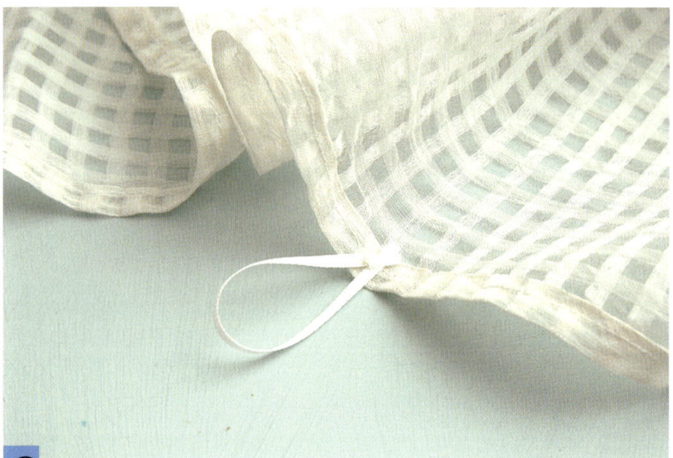

9 Schneiden Sie das Band in Stücke von 10 cm Länge und legen Sie diese zu Schlaufen. Breiten Sie das Panel mit der linken Seite nach oben aus. Stecken Sie die Schlaufen an den seitlichen Rand, die ersten 42 cm vom oberen Panelrand entfernt, die letzten in Höhe der Blende und die verbleibenden dazwischen. Der Abstand sollte ca. 20 cm betragen. Nähen Sie die Schlaufen mit der Hand fest. Fädeln Sie den Gardinendraht durch den oberen Saum. Schrauben Sie die Haken in den Fensterrahmen. Haken sie eine der Ösen ein, spannen Sie den Draht und befestigen Sie die zweite Öse am gegenüberliegenden Haken.

VARIATION

Einfach zauberhaft: Wird ein klassisches Raffrollo aus feinem durchsichtigen Stoff genäht, wird der Raum, hier ein elegantes Schlafzimmer, in weiches, diffuses Licht getaucht. Zu solch einer zarten Fensterdekoration passen natürlich nur dünne, transparente Stangen. Schauen Sie deshalb im Fachhandel nach durchsichtigen Kunststoffstangen und nehmen Sie Abstand von Holzstangen.

Wickel-Store mit Bändern

Ist das nicht die ideale Dekoration für ein kleines Fenster? Das hochgerollte Panel aus Musselin wird von weichen Organzabändern gehalten. Natürlich ist das eine ausschließlich dekorative Variante, sie ist also am ehesten für Fenster geeignet, die keinen fremden Blicken ausgesetzt sind.

MATERIAL

- Transparenter Gardinenstoff – Maße s. rechte Seite
- Klettband, dessen Länge der Store-Breite entspricht
- Passendes Nähgarn
- 4 cm breites Organzaband – Maße s. rechte Seite
- Holzleiste zum Aufhängen (Breite 5 cm × Tiefe 2,5 cm, Länge gleich Breite des fertigen Stores)
- Schrauben

STOFFBEDARF

- Bereiten Sie die Holzleiste entsprechend der Anleitung auf S. 188 vor. Ignorieren Sie die Arbeitsschritte zum Einschrauben der Ösen.
- Messen Sie Ihr Fenster, um zu wissen, wie breit und lang der fertige Store sein muss (s. S. 187). Rechnen Sie bei der Länge 6 cm Saumzugabe dazu, bei der Breite 4 cm.
- Rechnen Sie für das Organzaband ungefähr viermal die Höhe des Fensters.

1 Schneiden Sie den Store zu. Bügeln Sie an beiden Längsseiten einen Doppelsaum von 1 cm um und stecken Sie ihn fest. Steppen Sie die Säume mit der Maschine ab.

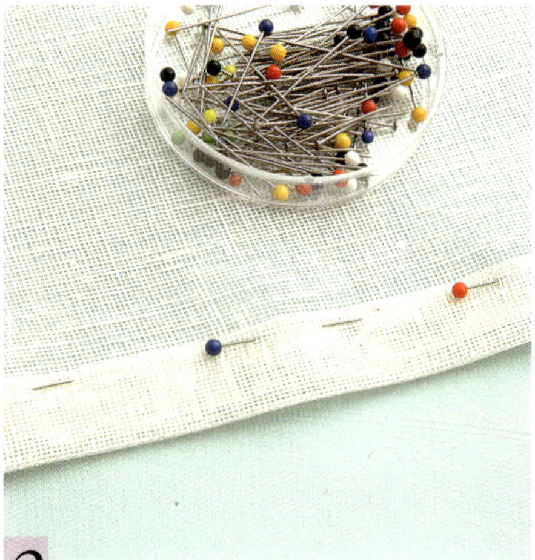

2 Bügeln Sie am unteren Rand einen Doppelsaum von 2 cm um und stecken Sie ihn fest. Steppen Sie den Saum mit der Maschine ab.

3 Bügeln Sie am oberen Rand einen einfachen Saum von 2 cm um und stecken Sie ihn fest. Steppen Sie den Saum mit der Maschine ab.

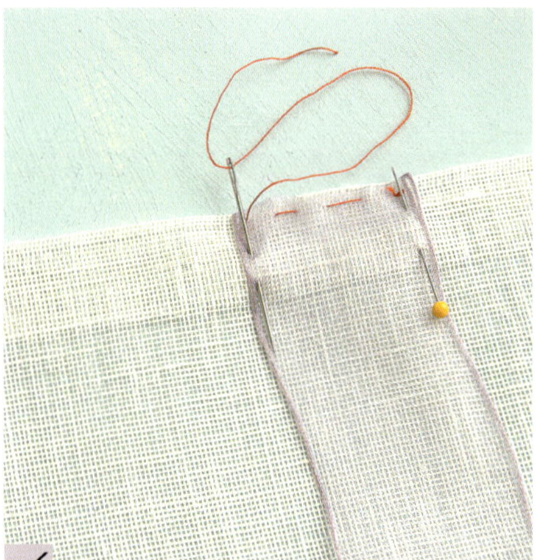

4 Schneiden Sie das Band in vier gleich lange Stücke. Schlagen Sie an allen vier Bändern eine Schmalseite um. Breiten Sie den Store mit der rechten Seite nach oben aus. Stecken Sie zwei Bänder mit der umgeschlagenen Schmalseite an den oberen Rand, der Abstand zum seitlichen Rand beträgt dabei jeweils 10 cm. Heften Sie die Bänder kastenförmig an, folgen Sie dabei den Linien des Saums.

5 Nähen Sie die beiden Bänder der Heftnaht folgend mit der Maschine an. Entfernen Sie den Heftfaden.

6 Drehen Sie den Store um, sodass die linke Seite oben liegt. Stecken Sie die beiden verbliebenen Bänder an. Die umgeschlagene Schmalseite befindet sich dieses Mal allerdings 1 cm unterhalb des Stoffbruchs, der seitliche Abstand entspricht dem auf der Vorderseite. Heften Sie die Bänder an.

TIPPS

- Um dem Ausfransen der Bänder vorzubeugen, können Sie das untere Ende V-förmig einschneiden. Falten Sie das Band längs zusammen und schneiden Sie von der Ecke diagonal in Richtung des Stoffbruchs.
- Arbeiten Sie beim Schneiden von Bändern immer mit einer sehr scharfen Schere, das ergibt eine saubere Schnittkante und es werden keine Fäden aus dem Band gezogen.

7 Stecken Sie die weiche Seite des Klettbandes auf der Rückseite des Stores am oberen Rand fest. Das Band überdeckt das obere Ende der Schleifenbänder. Nähen Sie das Band mit der Maschine an. Befestigen Sie den Store an der Leiste, indem Sie die beiden Streifen des Klettbandes aufeinander drücken. Wickeln Sie den Store mit der Hand bis in die gewünschte Höhe auf und binden Sie die Bänder zu Schleifen.

VARIATION

Diese hübsche Dekoration wurde auf die gleiche Weise hergestellt wie der Wickel-Store. Diesmal haben wir aber einen dünnen Baumwollstoff verwendet, aus dem auch die langen Bänder genäht wurden, und der Store wurde nicht sauber gewickelt, sondern mit den Bändern gerafft. Oben wurde die Dekoration direkt an den Fensterrahmen gepinnt, genauso gut kann sie aber auch an einer Holzleiste befestigt werden.

DEKORIEREN LEICHT GEMACHT

Musselin-Stores mit Umschlag

Für die luftig-leichte Dekoration dieses Schlafzimmerfensters wurden bei einem Indien-Urlaub erstandene fertig genähte Musselinbahnen verwendet. Da sie zu lang für das Fenster, aber viel zu schade zum Abschneiden waren, wurden sie oben einfach doppelt umgeschlagen und mit Clips an eine Stange gehängt. So entstand der interessante Girlandeneffekt. Die eingewebte blaue Kante setzt einen hübschen Farbakzent, den Sie bei einfarbigem Stoff leicht auch mit aufgenähten Bändern erreichen können.

VARIATION

Leichte Musselin-Stores geben jedem Zimmer einen frischen, sommerlichen Charakter. Diese Fertigstores werden von einem eingestickten Motiv in Kontrastfarbe belebt, das wirkt, als schwebe es vor dem Fenster. Der Farbton findet sich in den Kissen wieder.

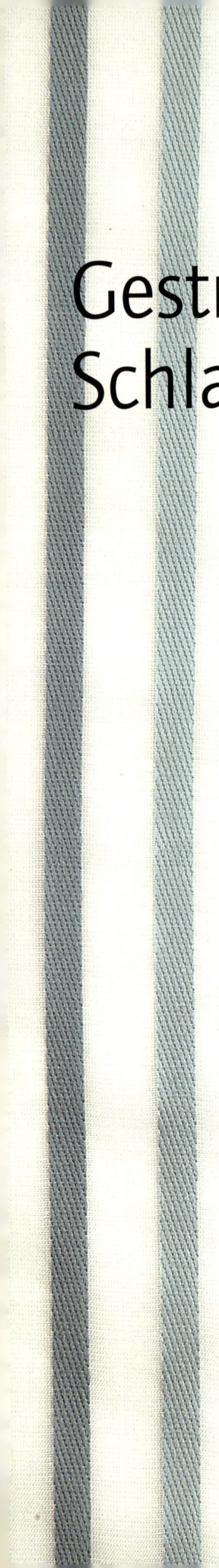

Gestreifter Store mit Schlaufen

Es ist immer eine gute Idee, dicke, schwere Vorhänge zu Beginn des Sommers abzunehmen und durch leichte, transparente Dekorationen zu ersetzen, die sich im warmen Sommerwind wiegen und bauschen. Dieser Einzelstore vor einer Terrassentür besteht aus gestreiftem Voile. Für eine normale Fensterdekoration können Sie natürlich auch zwei davon nähen.

MATERIAL

- Transparenter Gardinenstoff – Maße s. rechte Seite
- Passendes Nähgarn

STOFFBEDARF

- Messen Sie Ihr Fenster, um zu wissen, wie breit und lang der fertige Store sein muss (s. S. 187). Ziehen Sie bei der Länge 10 cm für die Schlaufen ab und rechnen Sie 17,5 cm Saumzugabe dazu.
- Damit Gardinen mit dieser Aufhängung die nötige Fülle aufweisen, sollten sie eineinhalbmal so breit wie das Fenster sein.
- Rechnen Sie aus, wie viele Schlaufen Sie benötigen. Der Abstand zwischen den Schlaufen sollte ca. 20 cm betragen (s. S. 199). Planen Sie pro Schlaufe einen Stoffstreifen von 10 × 25 cm ein.

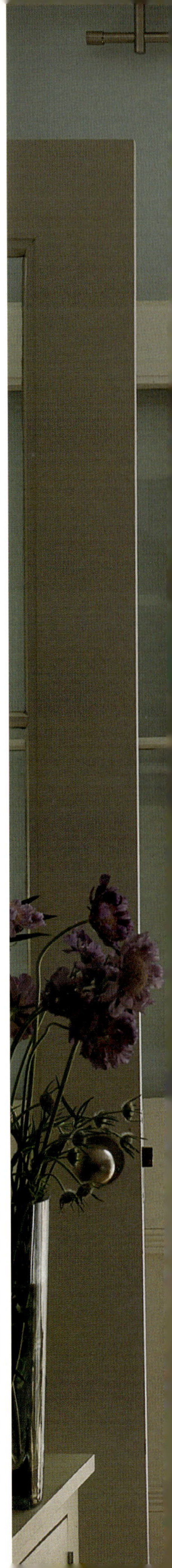

1 Schneiden Sie die pro Store benötigten Teile und Schlaufen zu. Nähen Sie Bahnen mit französischen Nähten (s. S. 192) zusammen, wenn der Stoff nicht breit genug liegt. Falten Sie die Schlaufen längs links auf links zusammen und bügeln Sie den Stoffbruch ein. Schlagen Sie danach beide Längsseiten so nach links um, dass die Kanten mit der Bruchlinie abschließen.

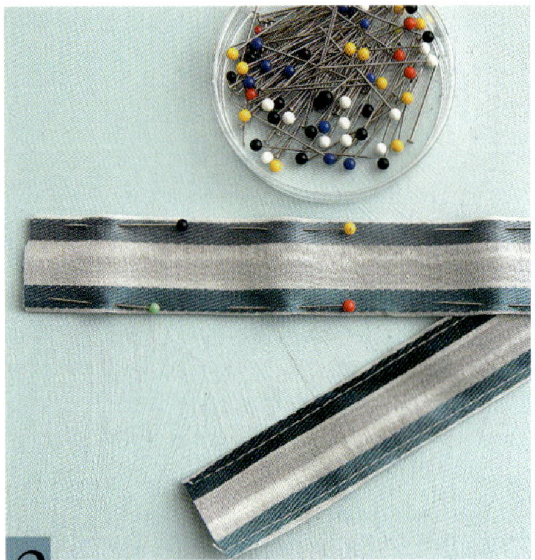

2 Stecken Sie die umgeschlagenen Längskanten der Schlaufen fest und steppen Sie die Seiten mit der Maschine knappkantig ab. Entfernen Sie die Stecknadeln.

3 Bügeln Sie an beiden Längsseiten des Stores einen Doppelsaum von 1 cm auf die linke Seite um und stecken Sie ihn fest. Steppen Sie die Säume mit der Maschine ab.

5 Schlagen Sie den Saum mit den Schlaufen am oberen Ende 5 cm auf die linke Stoffseite um und bügeln Sie den Stoffbruch ein.

6 Breiten Sie den Store mit der linken Seite nach oben aus. Die Schlaufen zeigen in Ihre Richtung. Falten Sie den oberen Saum auf die Hälfte zusammen, indem Sie den von Ihnen aus unteren Stoffbruch genau auf den oberen legen. Die Schlaufen zeigen jetzt nach oben. Stecken Sie den Saum am oberen und unteren Rand fest.

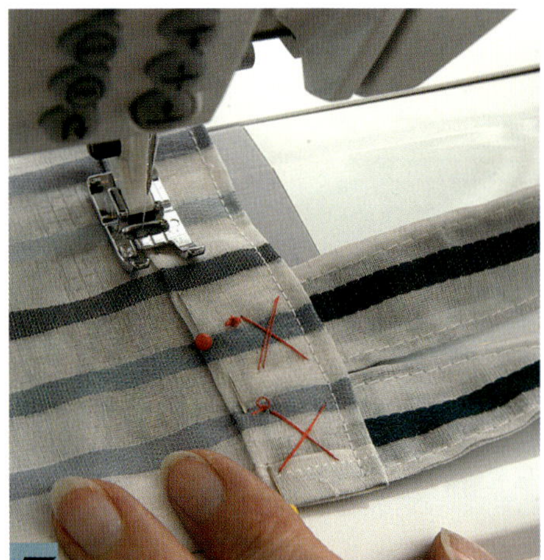

7 Steppen Sie den oberen Rand mit der Maschine knappkantig ab, entfernen Sie dabei fortlaufend die Stecknadeln. Die Schlaufen werden zwischen den Stofflagen fixiert. Arbeiten Sie 2 cm unterhalb der ersten Steppnaht eine zweite. Entfernen Sie den Heftfaden.

4 Bügeln Sie am oberen Rand des Stores einen einfachen Saum von 2,5 cm auf die rechte Seite um. Stecken Sie eine Schlaufe so an den Saum, dass die unversäuberten Schmalseiten genau mit dem Umschlagrand und die Außenseite mit dem seitlichen Rand des Stores abschließen. Wiederholen Sie das an der anderen Seite des Stores. Verteilen Sie die restlichen Schlaufen gleichmäßig dazwischen. Heften Sie die Schlaufen an.

8 Bügeln Sie am unteren Rand des Stores einen Doppelsaum von 5 cm um und stecken Sie ihn fest. Steppen Sie den Saum mit der Maschine ab.

TIPP

Wenn Sie einen Store aus sehr transparentem Voile aus einer Bahn fertigen können, nutzen Sie einfach die Webkanten an den Längsseiten und verzichten auf das Säumen.

VARIATION

Auf dieser wunderschönen Dekoration strecken sich zarte applizierte Blätter dem Licht entgegen – ein zusätzlicher Schmuck der zweifarbigen Gardine. Sie können Ihren Stoff natürlich selbst besticken oder mit Applikationen verzieren. Wenn Ihnen das zu mühsam ist, kaufen Sie einfach fertig verziertes Material.

Drapierter Bogen

Das große ovale Fenster dieses Schlafzimmers ist wirklich ungewöhnlich und schön, aber gar nicht so leicht zu dekorieren. Die Lösung: Oberhalb des Fensters wurden zwei hölzerne Vorhanghalter angebracht, über die eine helle, mit Pomponborte verzierte Stoffbahn drapiert wurde. Da sich das betreffende Haus auf dem Land befindet, war Sichtschutz für die Bewohner nicht wichtig. Wenn Sie Schutz vor neugierigen Blicken oder zu viel Licht brauchen, können Sie unter dem Stoffbogen ein einfaches Schnapprollo anbringen.

VARIATION

Einige Fenster sind einfach zu schön, um zugehängt zu werden. Die Winter-Deko für dieses schmale Bleiglasfenster besteht lediglich aus einem Kranz und einer Schale mit Kiefernzapfen.

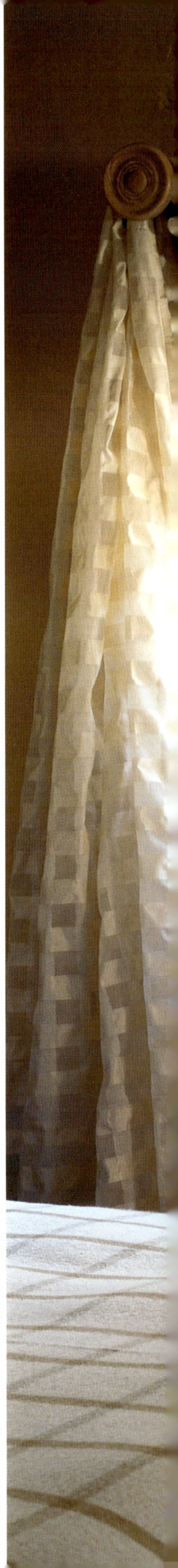

Scheibengardinen

Es gibt kaum eine unkompliziertere Dekorationsvariante als einfache Scheibengardinen. Sie sehen hübsch aus, filtern das Licht und dienen als Sichtschutz. Besonders gut passen sie an Fenster im Landhausstil, neben denen nicht viel Platz ist (da sie direkt am Fenster angebracht werden, eignen sie sich nicht für Schiebefenster).

MATERIAL

- Transparenter Gardinen- oder leichter Dekostoff – Maße s. rechte Seite
- Passendes Nähgarn
- Aufhängung – Gardinendraht mit Kunststoffbeschichtung, Haken und Ösen
- Drahtschere

STOFFBEDARF

- Messen Sie Ihr Fenster, um zu wissen, wie breit und lang die fertigen Gardinen sein müssen (s. S. 186). Rechnen Sie bei der Länge 10 cm Saumzugabe dazu.
- Damit Gardinen mit dieser Aufhängung die nötige Fülle aufweisen, sollten sie eineinhalbmal so breit wie das Fenster sein.
- Bei zwei Gardinen wird dieses Breitenmaß durch zwei geteilt.

1 Schneiden Sie die Gardinen zu. Nähen Sie Bahnen zusammen, wenn der Stoff nicht breit genug liegt (s. S. 192). Bügeln Sie an beiden Längsseiten einen Doppelsaum von 1 cm auf die linke Seite um und stecken Sie ihn fest.

2 Steppen Sie die Säume mit der Maschine knappkantig ab.

HARPER LEE

3 Bügeln Sie am oberen und unteren Rand einen Doppelsaum von 2,5 cm auf die linke Seite um und stecken Sie ihn fest. Steppen Sie die Säume mit der Maschine knappkantig ab. Wenn Sie wollen, können Sie knapp unterhalb der äußeren Kante eine weitere Steppnaht ziehen, das ergibt eine winzige Rüsche.

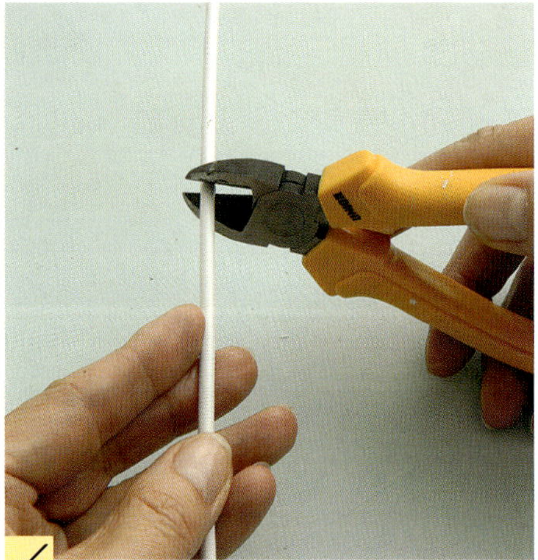

4 Schneiden Sie den beschichteten Gardinendraht mit der Drahtschere in vier Stücke, die 4 cm kürzer sind als die Fensterbreite.

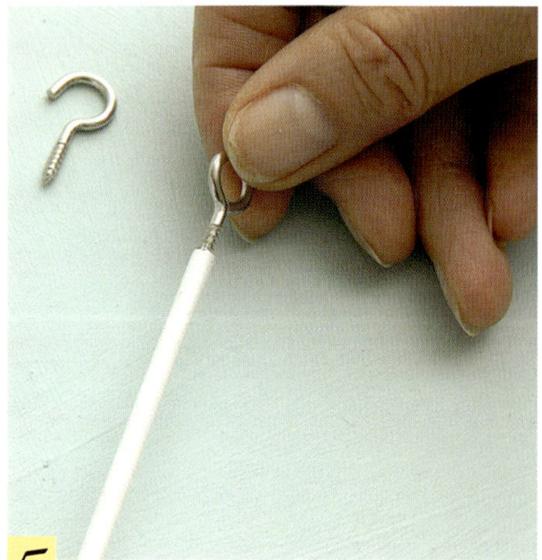

5 Befestigen Sie an jedem Drahtende eine Öse. Schrauben Sie vorsichtig, so weit es geht.

6 Fädeln Sie einen Draht durch jeden oberen Saum. Reihen Sie den Stoff dabei ein, damit er auf den Draht passt. Schrauben Sie die Haken in den Fensterrahmen. Haken Sie eine Öse ein, spannen Sie den Draht und haken Sie die andere Öse auf der anderen Seite ein. Gehen Sie am unteren Ende genauso vor.

VARIATION

Die Dekoration für dieses sehr hohe Fenster wurde genauso genäht wie die vorn abgebildeten Scheibengardinen. Für die etwas andere Wirkung ist lediglich ein zusätzliches Detail verantwortlich: Die Gardinen wurden im unteren Fensterdrittel mit einfachen Stoffschleifen zusammengenommen.

TIPPS

- Wenn Sie Gardinen aus transparenten Stoffen nähen, sollten Sie zum Aufhängen auch durchsichtige Stangen verwenden.
- Eine stabilere Alternative zum Gardinendraht sind Vitrage- oder Kaffeehausstangen, die mit speziellen Halterungen direkt am Fenster angebracht werden. Der Abstand der Gardine zum Glas ist gering.
- Fragen Sie im Fachhandel nach den genannten Aufhängungsvarianten und lassen Sie sich beraten.

ROLLOS

Ungefüttertes Wickelrollo

Dieses traditionelle Rollo im skandinavischen Stil ist sehr leicht anzufertigen und somit ideal für Anfänger. Da das Rollo aufgewickelt wird, sollte es aus einem Stoff genäht werden, der von beiden Seiten ansehnlich ist. Hier wurde ein besonders gut geeignetes Muster verwendet, ein frisches Gingham-Karo in Blau-Weiß.

MATERIAL

- Dekostoff – Maße s. rechte Seite
- Passendes Nähgarn
- Dünne Rolloschnur oder Juteschnur
- Holzleiste (Breite 4 cm, Tiefe 1 cm, Länge gleich Rollobreite)
- Kleine Streifen aus dünnem Leder oder schmale Stoffbänder (s. Schritt 2 auf S. 198)
- 2 Vorhangringe aus Messing
- Ahle
- Lochzange für Leder
- 1 Rundholz (Durchmesser 1 cm; Länge gleich Rollobreite minus 2 cm)
- 2 Messingschrauben, 4 cm lang
- Anhänger aus Holz und Schnuraufwickler aus Messing

STOFFBEDARF

- Messen Sie Ihr Fenster, um zu wissen, wie breit und lang das fertige Rollo sein muss (s. S. 187).
- Rechnen Sie bei der Länge 17 cm Saumzugabe dazu, bei der Breite 6 cm.

1 Schneiden Sie das Rollo zu. Liegt der Stoff nicht breit genug, müssen Sie schmalere Bahnen mit Kappnähten zusammennähen, um die nötige Breite zu erreichen (s. S. 193). Bügeln Sie an beiden Längsseiten des Rollos einen Doppelsaum von 1,5 cm um und steppen Sie die Säume mit der Maschine ab. Bügeln Sie dann am unteren Rand einen Doppelsaum von 2,5 cm um und stecken Sie ihn fest. Steppen Sie den Saum mit der Maschine ab. Bügeln Sie nun am oberen Rand einen Doppelsaum von 6 cm um und stecken Sie ihn fest. Steppen Sie den Saum mit der Maschine ab. Schieben Sie die Holzleiste durch den vom oberen Saum gebildeten Tunnel.

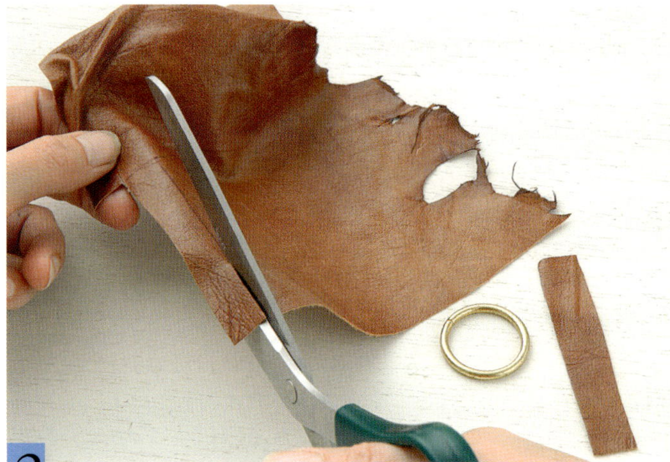

2 Schneiden Sie zwei 1,5 × 20 cm große Lederstreifen zu oder fertigen Sie zwei schmale Stoffbänder an. Daran werden die Vorhangringe angebracht.

5 Stecken Sie die Schrauben durch die Löcher in den Lederstreifen bzw. Bändern und dann durch die Holzleiste, bis sie auf der Rückseite herauskommen. An den Schrauben wird später die Rolloschnur (oder Juteschnur) befestigt.

6 Schieben Sie das Rundholz in den unteren Saum. Schließen Sie die offenen Seiten des Saums mit Staffierstich (s. S. 190), damit das Rundholz nicht herausrutschen kann.

3 Fädeln Sie durch jeden Vorhangring einen Lederstreifen oder ein Stoffband. Falten Sie die Streifen oder Bänder in der Mitte, sodass der Ring im Stoffbruch sitzt.

4 Legen Sie die Lederstreifen bzw. Bänder im Abstand von 15 cm zur Seitenkante auf den Tunnel mit der Holzleiste am oberen Rand. Stechen Sie mit der Ahle durch die gefalteten Lederstreifen bzw. Bänder und den Rollostoff. Nehmen Sie die Lederstreifen bzw. Bänder wieder weg und bohren Sie an den Markierungen zwei Löcher durch die Holzleiste. Diese Löcher nehmen später die Schrauben auf. Lochen Sie die Lederstreifen bzw. Bänder mit der Lochzange an den von der Ahle markierten Stellen.

TIPP

Eine schöne enge Wicklung des Rollos erreichen Sie, wenn Sie es ganz herunterlassen und erst ein Stück mit der Hand aufwickeln, bevor Sie den Schnurzug betätigen.

7 Breiten Sie das Rollo mit der Rückseite nach oben auf einer ebenen Fläche aus. Binden Sie ein Ende der Rolloschnur (oder Juteschnur) zu einer kleinen Schlaufe. Legen Sie die Schlaufe um das Ende der rechten Schraube. Ziehen Sie die Schlaufe fest, um die Schnur zu befestigen.

8 Für den Wickelmechanismus führen Sie die Schnur zuerst auf der Rückseite des Rollos nach unten bis zum unteren Rand. Drehen Sie das Rollo um und führen Sie die Schnur auf der Vorderseite wieder nach oben. Ziehen Sie die Schnur durch den ersten Vorhangring. Führen Sie die Schnur parallel zur Oberkante und binden Sie eine lange Schlaufe. Fädeln Sie die Schlaufe durch den zweiten Vorhangring. Führen Sie das freie Ende der Schnur bis zum unteren Rand des Rollos.

9 Zur Fertigstellung des Schnurzuges muss die Schnur noch einmal ganz um das Rollo herumgelegt werden. Drehen Sie das Rollo deshalb noch einmal um und führen Sie die Schnur bis hoch zur zweiten Schraube. Machen Sie eine Schlaufe und binden Sie die Schnur an die Schraube.

10 Befestigen Sie die Holzleiste mit Hilfe der Schrauben an der Wand. Fädeln Sie die lange Schlaufe an der Vorderseite des Rollos durch den hölzernen Anhänger. Bringen Sie den Schnuraufwickler seitlich am Fensterrahmen an. Wickeln Sie das Rollo per Hand bis zur gewünschten Höhe auf und wickeln Sie die Schnur um den Schnuraufwickler.

VARIATION

Die Einsatzmöglichkeiten dieses einfachen Rollos gehen weit über die Fensterdekoration hinaus. Nähen Sie z. B. für ein Kinderzimmer einheitliche Rollos für Fenster und Regale. Eine solche Abdeckung lässt sich leicht aufwickeln und herunterlassen – und das Aufräumen der Bücher und Spielsachen am Abend macht sicher gleich etwas mehr Spaß.

Ungefüttertes Faltrollo

Ein solches ungefüttertes Faltrollo filtert das Licht an einem Küchen- oder Badezimmerfenster. Da nur gerade Nähte erforderlich sind, ist das ein ideales Projekt für alle, die noch nicht viel Näherfahrung haben. Sie können das Rollo natürlich mit Vorhängen aus einem passenden Stoff ergänzen.

MATERIAL

- Dekostoff – Maße s. rechte Seite
- Klettband, dessen Länge der Breite des fertigen Rollos entspricht
- Rolloband
- Passendes Nähgarn
- Holzleiste zum Aufhängen (Breite 5 cm × Tiefe 2,5 cm, Länge gleich Breite des fertigen Rollos)
- Schraubösen aus Messing
- Schneiderkreide
- Langes Lineal
- Rundhölzer (Durchmesser 1 cm; Länge 4 cm kürzer als die Breite des fertigen Rollos)
- Schmale Holzleiste (Länge 4 cm kürzer als die Breite des fertigen Rollos)
- Dünne Rolloschnur
- Schnürnadel
- Anhänger und Schnuraufwickler
- Schrauben oder Winkeleisen zum Befestigen

STOFFBEDARF

- Bereiten Sie die Holzleiste für die Aufhängung entsprechend der Anleitung auf S. 189 vor.
- Messen Sie Ihr Fenster, um zu wissen, wie breit und lang das fertige Rollo sein muss (s. S. 187). Rechnen Sie bei Länge und Breite je 12 cm Saumzugabe dazu.

72%

1 Schneiden Sie das Rollo zu. Wenn der Stoff nicht breit genug liegt, müssen Sie mehrere Bahnen mit Kappnähten zusammennähen (s. S. 193), um auf die benötigte Breite zu kommen. Bügeln Sie an beiden Längsseiten des Rollos einen Doppelsaum von 3 cm um und stecken Sie ihn fest. Steppen Sie die Säume mit der Maschine ab.

2 Bügeln Sie am unteren Rand einen Doppelsaum von 5 cm um. Stecken Sie den Saum fest und steppen Sie ihn mit der Maschine ab.

3 Messen Sie vom unteren Rand die Länge des fertigen Rollos ab und markieren Sie die Maßlinie für den oberen Rand mit Stecknadeln. Schlagen Sie den Stoff an der Maßlinie auf die linke Seite um und bügeln Sie den Stoffbruch ein. Kürzen Sie den Umschlag auf 1,5 cm ein und stecken Sie ihn fest. Stecken Sie die flauschige Seite des Klettbandes am oberen Rand der Rollorückseite fest.

4 Der unversäuberte Rand wird verdeckt. Steppen Sie das Band mit der Maschine fest. Berechnen Sie die Abstände für das Rolloband (s. S. 187). Markieren Sie die Positionen an den Seitensäumen auf der linken Rolloseite mit Stecknadeln. Verbinden Sie je zwei Positionen, indem Sie mit Schneiderkreide und Lineal eine waagerechte Linie über die gesamte Rollobreite ziehen.

5 Schneiden Sie das Rolloband zu. Die Länge der Stücke entspricht der Breite des fertigen Rollos plus 3 cm. Stecken Sie die Bänder so fest, dass der obere Rand genau mit der Kreidelinie abschließt. Steppen Sie die Oberseite der Bänder mit der Maschine fest, lassen Sie dabei jeweils 2 cm Abstand zum seitlichen Rand. Achten Sie darauf, dass die Schlaufen genau übereinander positioniert sind.

6 Schieben Sie die Rundhölzer in den Tunnel des Rollobandes und die schmale Holzleiste in den vom unteren Saum gebildeten Tunnel. Schließen Sie die Schmalseiten des Saums mit Staffierstich. Versäubern Sie die Schmalseiten des Rollobandes. Schlagen Sie dazu die Enden doppelt um und nähen Sie sie mit Zickzack-Saumstich fest (s. S. 191).

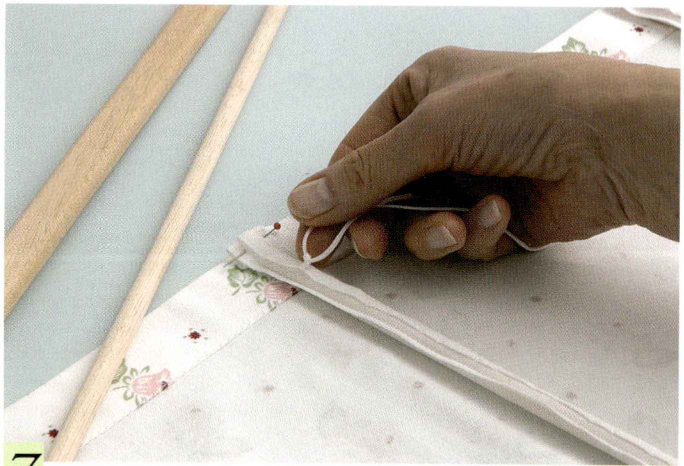

7 Breiten Sie das Rollo mit der linken Seite nach oben auf einer ebenen Unterlage aus. Markieren Sie an beiden Längsseiten eine 2,5 cm vom Stoffbruch entfernte senkrechte Linie mit Stecknadeln. Markieren Sie dazwischen in gleichmäßigen Abständen weitere senkrechte Linien. Ziehen Sie am untersten Rolloband ein Stück Rolloschnur durch die Schlaufe an der Stecknadelposition und verknoten Sie das Schnurende.

8 Ziehen Sie die Schnur mit Hilfe einer Schnürnadel durch die Schlaufen an den darüber liegenden Stecknadelpositionen. Wiederholen Sie die Arbeitsschritte 7 und 8 für alle übrigen senkrechten Linien. Richten Sie sich für die Fertigstellung des Rollos nach Arbeitsschritt 9 im Projekt Gefüttertes Faltrollo (s. S. 142). Hinweise für die Befestigung des Rollos am Fenster finden Sie in der Tipp-Box auf S. 142.

TIPPS

• Ein solches Rollo sollte am besten aus einer Stoffbahn gearbeitet werden. Wenn Sie Bahnen zusammennähen müssen, um die nötige Breite zu erreichen, sollten Sie an eine ganze Mittelbahn beiderseits schmalere Bahnen annähen, die natürlich die gleiche Breite haben müssen.

• Wenn Sie das hier verwendete und gezeigte Rolloband nicht bekommen, können Sie die Tunnel auch selbst herstellen. Folgen Sie der Anleitung bis einschließlich Arbeitsschritt 4. Schneiden Sie dann 7 cm breite Stoffstreifen in der benötigten Anzahl zu. Folgen Sie dabei dem Fadenverlauf parallel zur Webkante. Die Länge der Streifen entspricht genau der Breite des fertigen Rollos.

Falten Sie die Streifen links auf links so zusammen, dass die beiden Längskanten aufeinander zu liegen kommen. Bügeln Sie den Stoffbruch ein. Steppen Sie die Längsseite mit 6 mm Nahtzugabe mit der Maschine zusammen. Bügeln Sie einen Doppelsaum von 6 mm auf eine Seite um (gehen Sie dabei von der Maschinennaht aus). Steppen Sie den Saum mit der Maschine ab.

Folgen Sie dann den Anleitungen in den Arbeitsschritten 5 und 6. Verwenden Sie anstelle des Rollobandes Ihre Tunnelbänder. Legen Sie diese mit dem Stoffbruch, nicht der gesäumten Längsseite, an der Kreidelinie an.

Stellen Sie das Rollo fertig, folgen Sie dabei den Arbeitsschritten 8 und 9 im Projekt Gefüttertes Faltrollo auf S. 142.

VARIATION

Oft sind die einfachsten Dekorationen die wirkungsvollsten. Schlichte Faltrollos passen sehr gut in Zimmer, die in einem sparsam-sachlichen Stil gehalten sind. Bei diesem ungefütterten Faltrollo wurde der untere Rand mit einer schmalen kontrastfarbenen Einfassung versehen, die die Farbe des Motivs auf dem Dekostoff aufnimmt. Das verstärkt den Farbakzent.

Gefüttertes Faltrollo

Solch ein klassisches Faltrollo sieht in einem modern eingerichteten Zimmer besonders schick und zeitgemäß aus. Sie können es mit einfachen Vorhängen ergänzen. Der hier verwendete Dekostoff hat ein schönes Rosenmuster, das die Strenge des Designs ein bisschen auflockert. Die Anleitung für die Vorhänge finden Sie auf S. 22.

MATERIAL

- Dekostoff – Maße s. rechte Seite
- Futterstoff – Maße s. rechte Seite
- Klettband, dessen Länge der Breite des fertigen Rollos entspricht
- Kleine Kunststoffringe für Faltrollos
- Passendes Nähgarn
- Holzleiste zum Aufhängen (Breite 5 cm × Tiefe 2,5 cm, Länge gleich Breite des fertigen Rollos)
- Schraubösen aus Messing
- Schneiderkreide
- Langes Lineal
- Rundhölzer (Durchmesser 1 cm; Länge 3 cm kürzer als die Breite des fertigen Rollos)
- Schmale Holzleiste (Länge 4 cm kürzer als die Breite des fertigen Rollos)
- Dünne Rolloschnur, Anhänger und Schnuraufwickler
- Schrauben oder Winkeleisen zum Befestigen

STOFFBEDARF

- Bereiten Sie die Holzleiste für die Aufhängung entsprechend der Anleitung auf S. 189 vor.
- Messen Sie Ihr Fenster, um zu wissen, wie breit und lang das fertige Rollo sein muss (s. S. 187).
- Rechnen Sie für den Dekostoff bei der Breite 6 cm und bei der Länge 8 cm Saumzugaben dazu.
- Das Futter wird so breit wie das fertige Rollo zugeschnitten. Rechnen Sie für die Länge die Länge, in der Sie den Dekostoff zuschneiden, dazu 3 cm pro Stabtunnel (s. S. 187).

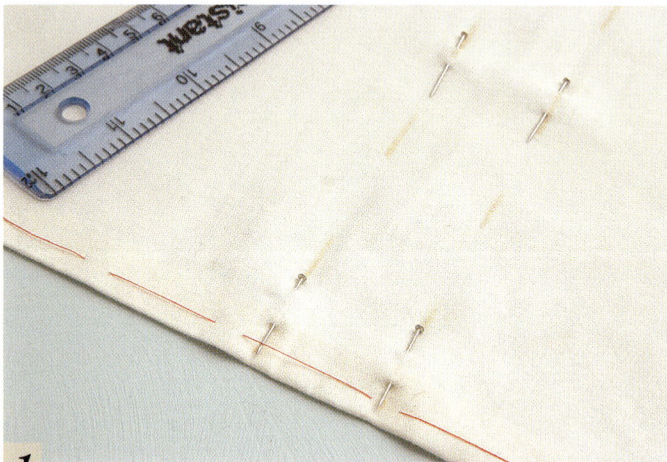

1 Schneiden Sie aus Deko- und Futterstoff die benötigten Teile zu. Wenn der Stoff nicht breit genug liegt, müssen Sie mehrere Bahnen zusammennähen (s. S. 193). Bügeln Sie an den Längsseiten des Futters einen einfachen Saum von 1,5 cm um und heften Sie ihn fest. Berechnen Sie den Abstand zwischen den Linien für die Tunnel (s. S. 187). Markieren Sie die Linien auf der rechten Futterseite mit Stecknadeln. Ziehen Sie die Linien dann mit Schneiderkreide und Lineal durch.

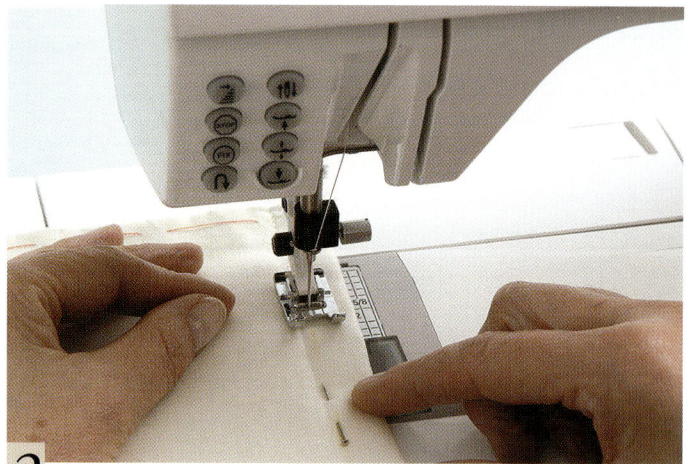

2 Falten Sie das Futter genau zwischen den markierten Linien links auf links. Die Kreidelinien liegen genau übereinander. Bügeln Sie den Stoffbruch ein. Steppen Sie die Tunnel im Abstand von 1,5 cm vom Stoffbruch ab. Bügeln Sie an beiden Längsseiten des Rollos einen einfachen Saum von 3 cm auf die linke Seite um. Stecken und heften Sie die Säume fest. Breiten Sie das Rollo mit der linken Seite nach oben auf einer ebenen Unterlage aus.

3 Legen Sie das Futter links auf links auf das Rollo. Die oberen Ränder liegen genau übereinander, an den Seiten sind jeweils 1,5 cm vom Rollostoff zu sehen. Stecken Sie das Futter an den Längsseiten fest. Heften Sie das Futter an und befestigen Sie es mit Staffierstich.

4 Bügeln Sie am unteren Ende des Rollos einen einfachen Saum von 1 cm um, dann einen weiteren von 5 cm. Stecken und heften Sie den Saum an, bevor Sie ihn mit der Maschine knappkantig absteppen. Entfernen Sie den Heftfaden.

TIPP

Wenn Ihr Rollo richtig professionell aussehen soll, müssen Sie darauf achten, dass die Ringe akkurat in genau senkrechten Reihen angeordnet sind. Nur dann wird das Rollo beim Hochziehen in ganz gleichmäßige Falten gelegt.

5 Stecken und heften Sie Rollo und Futter an der Steppnaht des obersten Tunnels zusammen. Ziehen Sie dann mit der Maschine eine Steppnaht über die gesamte Breite des Rollos. Achten Sie darauf, dass beide Stofflagen ganz glatt liegen. Wiederholen Sie diesen Arbeitsschritt an den übrigen Tunnelnähten, beginnen Sie ganz unten und arbeiten Sie sich nach oben.

6 Messen Sie vom unteren Rand die Länge des fertigen Rollos ab und markieren Sie die Maßlinie für den oberen Rand mit Stecknadeln. Schlagen Sie den Stoff an der Maßlinie auf die linke Seite um und bügeln Sie den Stoffbruch ein. Kürzen Sie den Umschlag auf 1,5 cm ein und stecken Sie ihn fest. Stecken Sie die flauschige Seite des Klettbandes am oberen Rand der Rollorückseite fest. Der unversäuberte Rand wird verdeckt. Steppen Sie das Band mit der Maschine fest.

7 Schieben Sie die Rundhölzer in die Tunnel und die schmale Holzleiste in den vom unteren Saum gebildeten Tunnel. Schließen Sie die Schmalseiten des Saums und der Tunnel mit Staffierstich (s. S. 190).

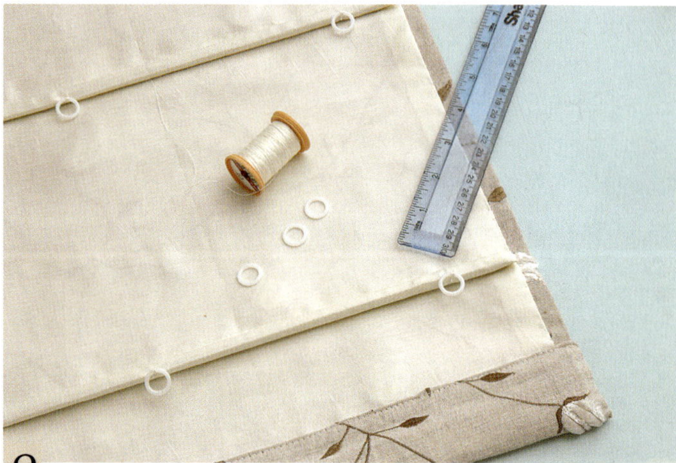

8 Breiten Sie das Rollo mit der Futterseite nach oben auf einer ebenen Unterlage aus. Markieren Sie die Positionen für die Ringe an den Tunneln mit Stecknadeln. Halten Sie bei den beiden äußeren senkrechten Reihen einen Abstand von jeweils 5 cm zum seitlichen Rand ein und verteilen Sie weitere Reihen gleichmäßig dazwischen. Nähen Sie die Ringe mit der Hand an.

9 Befestigen Sie das Rollo mit dem Klettband an der Leiste. Binden Sie die Rolloschnur an den untersten Ring der ersten senkrechten Reihe. Fädeln Sie die Schnur durch die übrigen Ringe dieser Reihe und durch die Schrauböse in der Leiste. Führen Sie die Schnur an die Seite des Rollos, an der Sie die Zugschnüre haben wollen. Wiederholen Sie diesen Arbeitsschritt für alle übrigen Ringreihen. Verknoten Sie die Schnüre ca. 50 cm von den Enden entfernt und befestigen Sie den Anhänger am Ende der Schnüre.

TIPP

Um das Rollo oberhalb des Fensters anzubringen, brauchen Sie das Klettband nur bis zu den Löchern für die Schrauben zu lösen. Es ist nicht notwendig, das Rollo vollständig abzunehmen. Schrauben Sie die Leiste an die Wand oder an den Fensterrahmen und befestigen Sie die Seiten des Rollos wieder an der Leiste. Bringen Sie auf der Seite, an der sich die Zugschnüre befinden, einen Schnuraufwickler an der Wand oder am Fensterrahmen an. Daran werden die Zugschnüre befestigt, nachdem das Rollo hochgezogen worden ist.

VARIATION

Mit mehreren Faltrollos in einem farbenfrohen Karodessin können Sie einem Wohnzimmer einen frischen, modernen Charakter geben. Machen Sie die Rollos unterschiedlich breit, wenn Sie unkonventionelle Fenster dekorieren wollen. Diese Variante ist auch für Erkerfenster bestens geeignet.

Legeres Raffrollo

Dieses Rollo ist ganz unkompliziert und leicht anzufertigen, da es ohne Tunnel und Bänder auskommt. Die Schnur wird durch kleine Ringe gefädelt, die mit der Hand an die Kanten genäht werden. Beim Hochziehen bilden sich weiche Falten, die den unstrukturierten legeren Charakter betonen. Die Anleitung für die Gardine finden Sie auf S. 102.

MATERIAL

- Dekostoff – Maße s. rechte Seite
- Klettband, dessen Länge der Breite des fertigen Rollos entspricht
- Passendes Nähgarn
- Holzleiste zum Aufhängen (Breite 5 cm × Tiefe 2,5 cm, Länge gleich Breite des fertigen Rollos)
- Schraubösen
- 1 Rundholz (Durchmesser 1 cm; Länge 4 cm kürzer als die Breite des fertigen Rollos)
- Dünne Rolloschnur
- Kleine Kunststoffringe für Rollos
- Anhänger aus Holz und Schnuraufwickler
- Schrauben

STOFFBEDARF

- Bereiten Sie die Holzleiste für die Aufhängung entsprechend der Anleitung auf S. 189 vor.
- Messen Sie Ihr Fenster, um zu wissen, wie breit und lang das fertige Rollo sein muss (s. S. 187). Rechnen Sie bei der Länge 6 cm und bei der Breite 4 cm Saumzugaben dazu.

1 Schneiden Sie das Rollo zu. Wenn der Stoff nicht breit genug liegt, müssen Sie mehrere Bahnen mit Kappnähten zusammennähen (s. S. 193). Bügeln Sie an beiden Längsseiten einen Doppelsaum von 1 cm um und stecken Sie ihn fest. Steppen Sie die Säume mit der Maschine ab. Bügeln Sie am unteren Rand einen Doppelsaum von 2 cm um und stecken Sie ihn fest. Steppen Sie den Saum mit der Maschine ab.

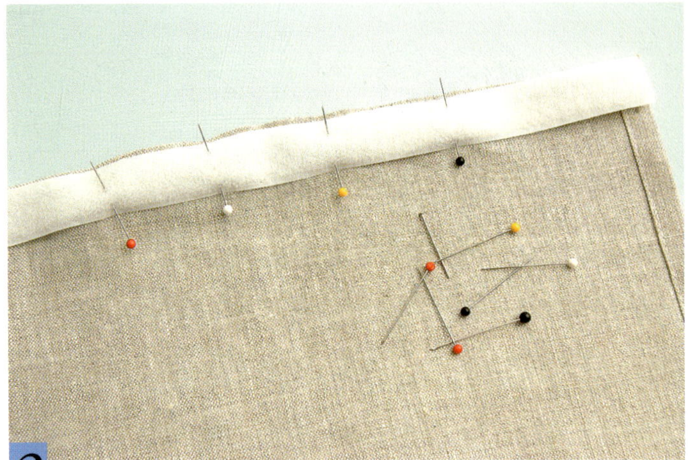

2 Messen Sie vom unteren Rand die Länge des fertigen Rollos ab und markieren Sie die Maßlinie für den oberen Rand mit Stecknadeln. Schlagen Sie den Stoff an der Maßlinie auf die linke Seite um und bügeln Sie den Stoffbruch ein. Kürzen Sie den Umschlag auf 1,5 cm ein und stecken Sie ihn fest. Stecken Sie die flauschige Seite des Klettbandes am oberen Rand der Rollorückseite fest. Der unversäuberte Rand wird verdeckt. Steppen Sie das Band mit der Maschine fest.

5 Breiten Sie das Rollo mit der linken Seite nach oben auf einer ebenen Unterlage aus. Binden Sie ein Stück Rolloschnur an den untersten Ring auf der rechten Seite und fädeln Sie die Schnur durch die übrigen Ringe senkrecht nach oben.

6 Wiederholen Sie das Verknoten und Durchfädeln der Rolloschnur auf der linken Seite des Rollos. Arbeiten Sie weiter wie in Schritt 9 im Projekt Gefüttertes Faltrollo auf S. 142 beschrieben. Bringen Sie das Rollo an, beachten Sie dabei die Tipps auf S. 142.

3 Berechnen Sie den Abstand zwischen den Kunststoffringen an den seitlichen Säumen und markieren Sie die Positionen mit Stecknadeln (s. S. 187). Nähen Sie die Ringe mit der Hand an.

4 Schieben Sie das Rundholz in den vom unteren Saum gebildeten Tunnel und schließen Sie die offenen Seiten des Saums mit Staffierstich (s. S. 190).

TIPP

Für diese Art der Fensterdekoration sollte am besten ein weiches Gewebe wie Leinen verwendet werden, sie sieht aber auch sehr gut aus, wenn sie aus transparentem oder halb-transparentem Stoff hergestellt wird. In diesem Fall sollten Sie statt des Rundholzes einen durchsichtigen Kunststoffstab verwenden.

VARIATION

An einer solchen Dekoration sieht auch eine Kontrastkante sehr attraktiv aus. Hier wurde das Rollo aus grob gewebtem naturweißem Leinen gearbeitet und an beiden Seiten mit einer kräftig bordeauxroten Kante eingefasst. Verwenden Sie für die Bordüre einen Stoff, der das gleiche Gewicht hat wie der Rollostoff. Nähen Sie die Teile ganz zu Beginn zusammen, bevor Sie unserer Anleitung folgen.

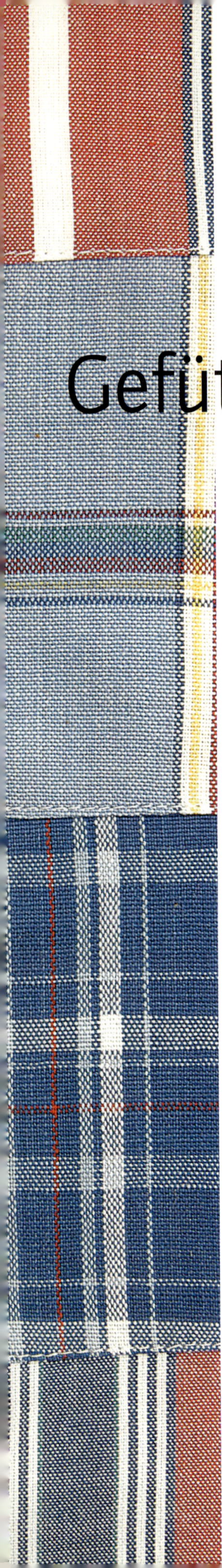

Gefüttertes Wickelrollo

Dieses fröhliche Wickelrollo wurde für ein Küchenfenster angefertigt. Die Vorderseite besteht aus fertig gekauftem Patchworkstoff, die Rückseite aus Baumwolldenim. Hergestellt wird ein solches Rollo genauso wie die ungefütterte Variante, durch das vorn sichtbare Futter entsteht aber ein hübscher Bordüreneffekt.

MATERIAL

- Dekostoff mit Patchworkdessin – Maße s. rechte Seite
- Kontrastierender Stoff für die Rückseite – Maße s. rechte Seite
- Passendes Nähgarn
- Dünne Rolloschnur
- Holzleiste (Breite 4 cm, Tiefe 2 cm, Länge gleich Rollobreite)
- Kleine Streifen aus dünnem Leder
- 2 Vorhangringe aus Messing
- Ahle
- Lochzange für Leder
- 1 Rundholz (Durchmesser 1 cm; Länge gleich Rollobreite minus 2 cm)
- 2 Messingschrauben, 4 cm lang
- Anhänger aus Holz und Schnuraufwickler aus Messing

STOFFBEDARF

- Messen Sie Ihr Fenster, um zu wissen, wie breit und lang das fertige Rollo sein muss (s. S. 187).
- Patchworkstoff: Ziehen Sie von den Maßen für das fertige Rollo bei der Breite 7 cm und bei der Länge 3,5 cm ab.
- Kontrastierender Stoff für die Rückseite: Rechnen Sie zu den Maßen für das fertige Rollo bei der Breite 13 cm und bei der Länge 10 cm dazu.

1 Schneiden Sie das Rollo zu. Liegt der Stoff nicht breit genug, müssen Sie schmalere Bahnen mit Kappnähten zusammennähen, um die nötige Breite zu erreichen (s. S. 193). Breiten Sie den Futterstoff mit der linken Seite nach oben aus. Legen Sie den Patchworkstoff links auf links in die Mitte. An den Seiten bleiben je 10 cm, oben 7,5 cm und unten 5 cm vom Futterstoff sichtbar.

2 Stecken und heften Sie die beiden Stofflagen von oben nach unten zusammen. Folgen Sie dabei den Linien des Patchworkmusters.

5 Steppen Sie die Seitenkanten mit der Maschine knappkantig ab. Entfernen Sie dabei die Stecknadeln.

6 Bügeln Sie am oberen Ende des Futters einen einfachen Saum von 1,5 cm um und stecken Sie ihn fest.

3 Bügeln Sie an beiden Längsseiten des Futters einen einfachen Saum von 1,5 cm auf die linke Seite um.

4 Arbeiten Sie die seitlichen Kanten, indem Sie die Längsseiten des Futters 5 cm breit nach vorn umschlagen. Bügeln Sie den Stoffbruch ein. Stecken Sie den Futterstoff fest.

7 Arbeiten Sie die obere Kante, indem Sie das Futter 4 cm breit nach vorn umschlagen. Bügeln Sie den Stoffbruch ein und stecken Sie den Futterstoff fest. Steppen Sie die Kante mit der Maschine knappkantig ab.

8 Bügeln Sie für die Kante am unteren Rand des Rollos einen einfachen Saum von 1,5 cm um, dann einen weiteren von 2,5 cm. Stecken Sie den Saum fest und steppen Sie ihn knappkantig ab. Schieben Sie das Rundholz in den vom unteren Saum gebildeten Tunnel.

9 Schließen Sie die offenen Seiten des unteren Saums mit Staffierstich, sodass das Rundholz nicht herausrutschen kann.

10 Schieben Sie die Leiste in den vom oberen Saum gebildeten Tunnel. Folgen Sie für die Fertigstellung und Befestigung des Rollos den Arbeitsschritten 2, 3, 4, 5, 7, 8, 9 und 10 im Projekt Ungefüttertes Wickelrollo auf S. 128 – 130.

TIPP

Wenn Sie Ihr Rollo lieber etwas stabiler haben wollen, sollten Sie für beide Seiten einen kompakten, schwereren Dekostoff oder stabiles Leinen verwenden.

VARIATION

Dieses gefütterte Wickelrollo wirkt formaler und strukturierter als das Patchworkrollo. Beide Seiten wurden aus dicht gewebtem Leinen mit verschiedenen Druckdessins gearbeitet. Da beide Seiten Kante auf Kante verarbeitet wurden, mussten die beiden Lagen nicht in der Mitte zusammengeheftet und -genäht werden. Die kontrastierenden Dessins kommen noch besser zur Geltung, wenn das Rollo durch eine mit dem Futterstoff bezogene Blende ergänzt wird (s. Abb. auf S. 7).

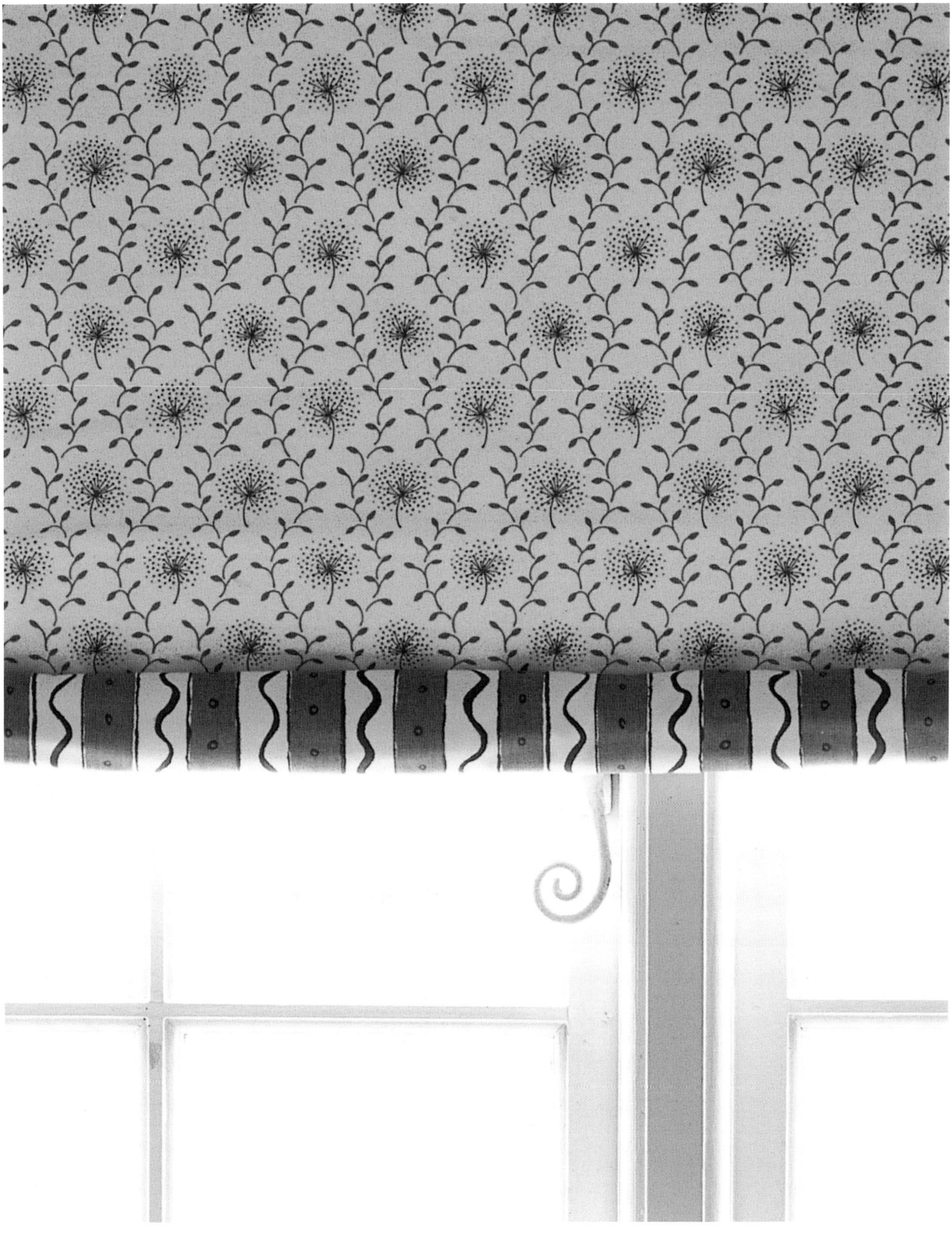

ACCESSOIRES

Weiche Stoffblende

Solch eine schicke mit Stoff bezogene Blende verbessert die Proportionen eines sehr hohen Fensters und verbirgt gleichzeitig die Aufhängung der Vorhänge. Da die Blende das Fenster optisch verkürzt, eignet sie sich natürlich am besten für hohe Räume. Wenn für den Bezug der gleiche Stoff wie für die Vorhänge verwendet wird, wirkt die gesamte Dekoration wie aus einem Guss.

MATERIAL

- Dekostoff – Maße s. rechte Seite
- Futterstoff – Maße s. rechte Seite
- Dicke Gewebeeinlage
- 30 cm breites beidseitig selbstklebendes Steifleinen
- Passendes Nähgarn
- Selbstklebendes Klettband
- Brett zum Anbringen der Blende (s. S. 189)
- Winkeleisen
- Tacker und Heftklammern
- Langes Lineal
- Schneiderkreide

STOFFBEDARF

- Bereiten Sie das Brett, an dem die Blende befestigt werden soll, so vor, wie auf S. 189 gezeigt. Bringen Sie das Brett mit den Winkeleisen an. Messen Sie, wie lang die Vorderkante und die beiden Seitenkanten des Brettes insgesamt sind. Dieses Gesamtmaß entspricht der Breite der fertigen Blende.
- Für die Höhe der Blende teilen Sie das Längenmaß der Vorhänge von der Schiene bis zum Boden durch sechs.
- Schneiden Sie das selbstklebende Steifleinen auf die errechneten Maße zu.
- Nehmen Sie das Steifleinen als Ausgangspunkt für die Berechnung der benötigten Stoffmenge. Der Stoff muss das Steifleinen vollständig bedecken, dazu kommen 2 cm Saumzugabe an allen vier Seiten. Schneiden Sie das Futter und die Gewebeeinlage in genau derselben Größe zu wie das Steifleinen.

1 Kleben Sie die Hakenseite des Klettbandes an die Vorder- und Seitenkanten des Bretts. Tackern Sie das Band zusätzlich fest. Schneiden Sie aus Dekostoff, Futterstoff und Gewebeeinlage alle benötigten Teile zu. Nähen Sie mehrere Teile zusammen, wenn Sie sonst nicht auf die benötigte Größe kommen (s. S. 192). Legen Sie das Steifleinen auf eine ebene Unterlage und heben Sie an einer Seite das Schutzpapier an. Legen Sie die aufgerollte Gewebeeinlage kantengenau auf. Ziehen Sie das Papier weiter ab und drücken Sie die Einlage fest. Verbinden Sie so beide Lagen über die gesamte Länge.

2 Breiten Sie den Dekostoff mit der linken Seite nach oben auf einer ebenen Fläche aus. Ziehen Sie mit Lineal und Schneiderkreide an allen vier Seiten eine 2 cm vom Stoffrand entfernte Linie.

4 Schneiden Sie die Ecken diagonal ab. Ziehen Sie vorsichtig das Schutzpapier von der anderen Seite des Steifleinens. Schlagen Sie die Saumzugabe an den kurzen Seiten nach innen um und drücken Sie den Stoff fest auf die selbstklebende Oberfläche.

5 Schlagen Sie an den beiden langen Seiten die Saumzugabe nach innen um und drücken Sie den Stoff fest auf die selbstklebende Oberfläche.

3 Legen Sie das Steifleinen mit der Gewebeeinlage nach unten so auf den Stoff, dass die Ränder genau mit den Kreidelinien abschließen und ringsum 2 cm vom Dekostoff sichtbar sind.

6 Bügeln Sie an allen Seiten des Futters einen einfachen Saum von 1 cm um.

TIPP

Wenn Sie selbstklebendes Steifleinen und Gewebeeinlage bzw. Stoff verbinden wollen, sollten Sie den Stoff aufrollen, dann an einer kurzen Seite auflegen und allmählich aufrollen und festdrücken. Gleichzeitig ziehen Sie das Schutzpapier zurück. Auf diese Weise können Sie den Stoff glatt aufbringen und Buckel und Falten vermeiden.

7 Legen Sie die Blende mit der Stoffseite nach unten auf eine ebene Unterlage. Legen Sie das Futter mit der rechten Seite nach oben vorsichtig auf die Klebeseite. Achten Sie darauf, dass Sie das Futter genau in der Mitte platzieren. Nähen Sie das Futter ringsum mit Staffierstich an den umgeschlagenen Dekostoff (s. S. 191).

8 Kleben Sie die weiche Seite des Klettbandes an den oberen Rand der Blendeninnenseite.

9 Schlagen Sie die Blende an den Stellen, wo sie um die Ecken des Brettes geführt wird, um und bügeln Sie zwei scharfe Brüche ein. Befestigen Sie die Blende am Brett, indem Sie die beiden Streifen des Klettbandes aufeinander drücken.

VARIATION

Rechts: Ein schöner Stoff kommt noch besser zur Geltung, wenn damit eine breite Formblende bezogen wird. Das auffällige Design dieser gebogten Blende ist die perfekte Ergänzung der langen Vorhänge aus demselben Material. Beachten Sie bei einer solchen Blende, dass das Ganze symmetrisch wird, und passen Sie die Form der Blende an das Stoffmuster an, sodass sich wiederholende Motive gleichmäßig verteilt sind.

Links: Für diese breite Blende wurde ebenfalls der Vorhangstoff verwendet, allerdings verläuft das Muster nicht senkrecht wie bei den langen Vorhängen, sondern waagerecht. Die Blende wirkt dadurch viel breiter als bei einem senkrechten Musterverlauf. Außerdem wurde der Stoff in kleine Falten gelegt, was den dekorativen Struktureffekt ergibt.

Geriehener Querbehang

Mit einem geriehenen Querbehang als Ergänzung von zwei Vorhangschals wirkt Ihre Dekoration weniger streng. Wenn der verwendete Stoff wie in unserem Beispiel ein auffälliges oder großes Muster hat, müssen Sie darauf achten, dass der Musterverlauf übereinstimmt und durch die Kräuselung bei Vorhängen und Querbehang das gleiche Volumen erzielt wird.

MATERIAL

- Dekostoff – Maße s. rechte Seite
- Futterstoff – Maße s. rechte Seite
- Schmales Kräuselband mit zwei Zugfäden – rechnen Sie die Breite des fertigen Querbehangs plus 10 cm
- Passendes Nähgarn
- Klettband – rechnen Sie die Breite des fertigen Querbehangs plus 10 cm
- Brett zum Anbringen des Querbehangs (s. S. 189)
- Winkeleisen
- Tacker und Heftklammern

STOFFBEDARF

- Bereiten Sie das Brett, an dem der Querbehang befestigt werden soll, so vor, wie auf S. 189 gezeigt. Bringen Sie das Brett mit den Winkeleisen an.
- Messen Sie, wie lang die Vorderkante und die beiden Seitenkanten des Brettes insgesamt sind. Dieses Gesamtmaß entspricht der Breite des fertigen Querbehangs. Zum Zuschneiden rechnen Sie dieses Maß mal zwei, dazu kommen 3 cm Saumzugabe für die Seiten. (Sie müssen eventuell Teile zusammennähen, wenn Sie sonst nicht auf die benötigte Größe kommen.)
- Für die Höhe des Querbehangs teilen Sie das Maß vom Fußboden bis zur Unterseite des Befestigungsbrettes durch sechs. Rechnen Sie für oben und unten insgesamt 9 cm Saum- bzw. Nahtzugabe dazu.
- Der Futterstoff wird genau so breit wie der Dekostoff zugeschnitten, aber 7 cm kürzer.

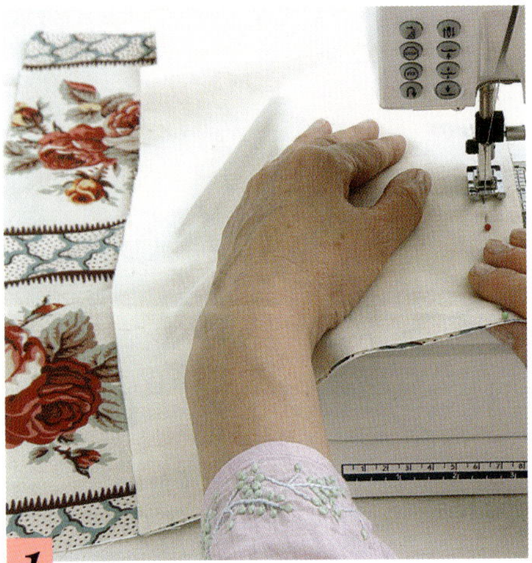

1 Schneiden Sie die benötigten Teile aus Deko- und Futterstoff zu. Nähen Sie mehrere Teile zusammen, wenn Sie sonst nicht auf die benötigte Größe kommen (s. S. 192). Legen Sie das Futter rechts auf rechts so auf den Dekostoff, dass die unteren Ränder und eventuell vorhandene Verbindungsnähte genau übereinander liegen. Stecken Sie die Stofflagen zusammen und nähen Sie sie im Abstand von 1,5 cm vom unteren Rand mit der Maschine zusammen.

2 Bügeln Sie die Nahtzugabe auseinander. Schlagen Sie das Futter über, sodass beide Teile links auf links zu liegen kommen. Legen Sie die ungesäumten Ränder oben und an den Seiten übereinander. Bügeln Sie die zusammengenähte Seite vorsichtig glatt, sodass am unteren Rand ein Streifen des Vorhangstoffes sichtbar wird.

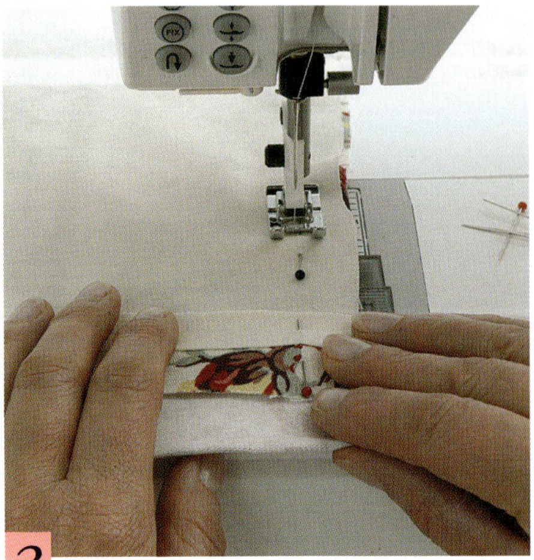

3 Legen Sie die beiden Stofflagen wieder rechts auf rechts zusammen. Die oberen und seitlichen Ränder liegen genau übereinander. Stecken Sie die kurzen Seiten zusammen und nähen Sie sie im Abstand von 1,5 cm vom Rand mit der Maschine zusammen.

6 Ziehen Sie die Zugfäden an beiden Enden 5 cm vom Rand entfernt heraus. Verknoten Sie die Fäden auf einer Seite. Breiten Sie den Querbehang mit der linken Seite nach oben auf einer ebenen Fläche aus. Legen Sie das Kräuselband 2,5 cm unterhalb des Stoffbruchs auf, sodass es die unversäuberten Ränder verdeckt. Lassen Sie an beiden Seiten je 5 cm überstehen. Stecken Sie das Kräuselband fest.

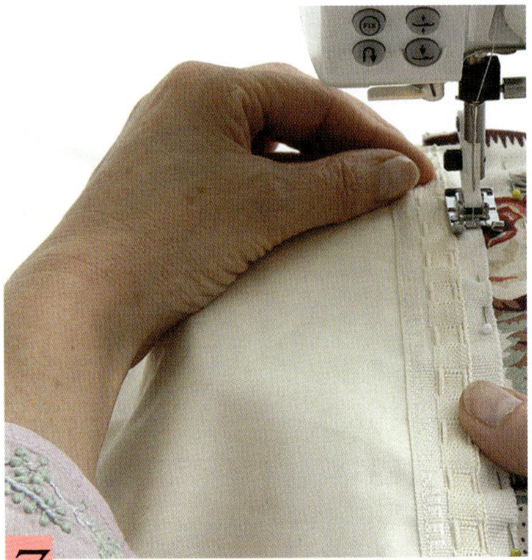

7 Schneiden Sie das überstehende Band an beiden Seiten bis auf 2 cm ab. Schieben Sie die Enden so zwischen Stoff und Band, dass der Bruch und die Seitenkante des Querbehangs genau übereinander liegen. Stecken Sie das Band fest und nähen Sie es dann mit der Maschine fest, zuerst eine kurze Seite nach oben, dann die Oberseite, dann die gegenüberliegende kurze Seite nach unten. Achten Sie darauf, dass Sie die losen Zugfäden nicht festnähen.

8 Nähen Sie zum Schluss den unteren Rand des Bandes fest. Entfernen Sie alle Stecknadeln. Ziehen Sie vorsichtig an den Zugfäden, um den Querbehang auf das Maß des Befestigungsbretts einzureihen. Verteilen Sie den geriehenen Stoff gleichmäßig. Binden Sie die losen Zugfäden zu einer Schleife und wickeln Sie den Rest der Fäden darum.

4 Drehen Sie den Querbehang auf rechts. Heften Sie die Stofflagen am unversäuberten oberen Rand zusammen. Bügeln Sie die zusammengenähten Kanten glatt.

5 Bügeln Sie am oberen Rand einen einfachen Saum von 4 cm auf die linke Seite um und stecken Sie ihn fest. Schließen Sie die offenen Seiten des Saums mit Staffierstich (s. S. 190). Schneiden Sie das Kräuselband auf die erforderliche Länge plus 10 cm zu.

TIPP

Einen Querbehang können Sie auch an einer Extra-Schiene oder einer Gardinenstange aufhängen. Da er in diesen Fällen nicht zweimal um die Ecke geführt werden muss wie beim Befestigungsbrett, wird etwas weniger Stoff benötigt.

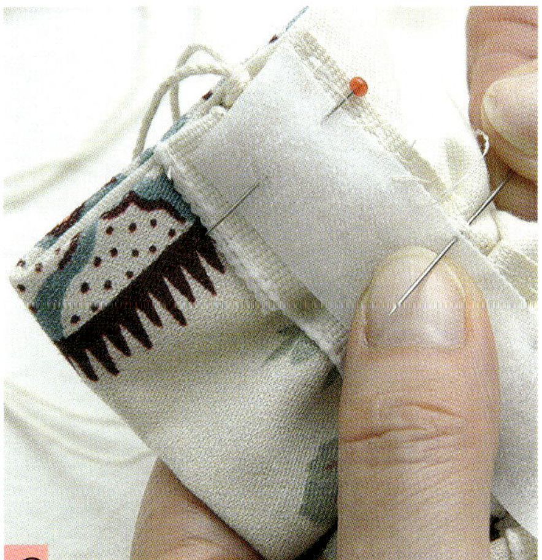

9 Stecken Sie die weiche Seite des Klettbandes am Kräuselband fest. Nähen Sie es ringsum mit Überwendlichstichen (s. S. 190) an. Schneiden Sie die überstehenden Enden ab. Tackern Sie die Hakenseite des Klettbandes an die Vorder- und Seitenkanten des Befestigungsbrettes. Befestigen Sie den Querbehang am Brett, indem Sie die beiden Streifen des Klettbandes aufeinander drücken.

VARIATION

Einen solchen hübschen Abschluss im Landhausstil können Sie Ihren Vorhängen ganz einfach verschaffen, ohne Extra-Querbehang. Nähen Sie oben an die Vorhänge eine Stoffbahn, die nach vorn überfällt und sich beim Zurückziehen der Vorhänge zusammenschiebt.

Zickzack-Querbehang

Hier gilt wirklich die Devise „Schlicht, aber wirkungsvoll". Dieser Querbehang mit Zickzack-Kante hängt mit Clip-Ringen an einer rustikalen Stange und bildet die ideale Ergänzung zur Kaffeehaus-Gardine. Solche Dekorationen sind vor allem in den skandinavischen Ländern außerordentlich beliebt.

MATERIAL

- Dekostoff – Maße s. rechte Seite
- Passendes Nähgarn
- Papier zum Anfertigen der Schablone
- Schneiderkreide
- Clip-Ringe

STOFFBEDARF

- Legen Sie fest, wie hoch der fertige Querbehang sein soll. Am besten teilen Sie dafür den Abstand zwischen Fensterbrett und Oberkante der Gardinenstange durch sechs. Rechnen Sie für den Zuschnitt 4 cm für Nahtzugaben dazu.
- Damit diese Art Querbehang die notwendige Fülle erreicht, sollte er ungefähr eineinviertel- bis eineinhalbmal so breit sein wie das Fenster.
- Kaufen Sie so viel Stoff, dass Sie zwei Querbehangteile in den errechneten Maßen zuschneiden können.

1 Schneiden Sie ein Papierteil zu, das in Breite und Höhe dem fertigen Querbehang entspricht. Ziehen Sie im Abstand von 10 cm zum unteren Rand der Schablone eine waagerechte Linie. Unterteilen Sie diese Linie (die das errechnete Breitenmaß hat) in gleich lange Abschnitte von ca. 20 cm. Markieren Sie die Abstände mit Bleistift. Markieren Sie am unteren Rand Punkte, die sich genau zwischen zwei der oberen Markierungen befinden. Verbinden Sie die Punkte mit diagonalen Linien, sodass ein Zickzack-Muster entsteht. Schneiden Sie die Zickzack-Kante aus.

2 Schneiden Sie die zwei Lagen für den Querbehang zu. Nähen Sie Teile zusammen, wenn Sie die benötigte Breite sonst nicht erreichen. Legen Sie die beiden Lagen rechts auf rechts aufeinander. Legen Sie die Papierschablone obenauf. Zeichnen Sie mit Schneiderkreide die Umrisse der Zickzack-Kante nach. Halten Sie dabei einen Abstand von 1,5 cm zum Papier ein.

4 Steppen Sie die zusammengesteckten Ränder an den Kreidelinien mit der Maschine zusammen. Lassen Sie an den Spitzen bzw. Ecken der Zickzack-Kante die Nadel im Stoff stecken, heben Sie das Füßchen und drehen Sie den Stoff. Senken Sie das Füßchen wieder ab und nähen Sie bis zur nächsten Spitze.

5 Schneiden Sie an den Spitzen der Zickzack-Kante die Nahtzugabe 3 mm vor der Naht ab. Schneiden Sie an den Ecken die Nahtzugabe bis 3 mm vor der Naht ein.

6 Drehen Sie den Querbehang auf rechts. Schieben Sie die Spitzen vorsichtig nach außen, z. B. mit einer Schere. Bügeln Sie die zusammengenähten Kanten glatt.

3 Entfernen Sie die Schablone und schneiden Sie die Zickzack-Kante im Stoff aus. Zeichnen Sie an den seitlichen Rändern und an der Zickzack-Kante die Nahtzugabe von 1,5 cm mit Schneiderkreide an. Stecken Sie die beiden Lagen seitlich und unten zusammen, nur der obere Rand bleibt offen.

7 Bügeln Sie am oberen Rand an beiden Lagen je einen einfachen Saum von 1,5 cm auf die linke Stoffseite um. Stecken Sie die umgeschlagenen Ränder zusammen. Nähen Sie die Ränder mit Staffierstich zusammen (s. S. 190). Befestigen Sie den Querbehang mit Clip-Ringen an der Gardinenstange.

TIPP

Wenn Sie keine Clip-Ringe finden, nähen Sie einfache Gardinenringe direkt an den Querbehang. Verteilen Sie die Ringe in gleichmäßigen Abständen und befestigen Sie sie mit Überwendlichstichen (s. S. 190). Entfernen Sie die Ringe vor dem Waschen.

VARIATION

In diesem Kinderzimmer bilden Formen und Farben eine harmonische Einheit, die zum Spielen und Träumen anregt und die Kreativität weckt. Für den etwas formaleren Abschluss der Fensterdekoration mit langen Vorhängen wurde nach der Anleitung für die Weiche Stoffblende (s. S. 156) eine Zickzack-Blende mit Quasten gearbeitet.

Wattierte Blende

Für diese dekorative Blende wurde ein Kastenrahmen auf traditionelle Weise gepolstert und mit Stoff bezogen. Um das Ganze noch interessanter zu machen, wurde der untere Rand mit einer Bogenkante versehen, die sehr gut zu einem schlichten Rollo passt. Wenn Sie die Blende mit klassischen Vorhängen kombinieren wollen, sollten Sie den Rand gerade lassen.

MATERIAL

- Dekostoff – Maße s. rechte Seite
- Kontrastierender Stoff für das Futter – Maße s. rechte Seite
- Leichte Wattierung oder dicke Gewebeeinlage – Maße s. rechte Seite
- Mittelstarke Kederschnur – Maße s. rechte Seite
- Passendes Nähgarn
- MDF- oder Sperrholzplatte (ca. 1 cm dick)
- Winkeleisen
- Gebogene Polsternadel
- Textilkleber
- Papier zum Anfertigen der Schablone
- Tacker, Laubsäge und Bohrer; Senkschrauben

STOFFBEDARF

- Messen Sie Ihr Fenster, um zu wissen, wie breit die Blende sein muss. Legen Sie die Höhe der Blende fest. Als Faustregel gilt, dass die Blendenhöhe ca. ein Sechstel der Vorhang- oder Rollolänge beträgt.
- Schneiden Sie aus MDF-Faserplatte bzw. Sperrholz vier Teile für den Kastenrahmen zu: ein Vorderteil, dessen Abmessungen der Breite und Höhe der fertigen Blende entsprechen (bei einer Formkante geben Sie bei der Höhe 4 cm dazu); ein Oberteil von 15 cm × Breite der fertigen Blende; zwei Seitenteile 15 cm × Höhe der fertigen Blende minus 1 cm.
- Für den Dekostoff rechnen Sie die Breite der Blende plus 30 cm – für die beiden Seitenteile – mal die Höhe der Blende. Geben Sie ringsum 1,5 cm für Säume zu.
- Der kontrastierende Stoff für das Futter wird genauso groß zugeschnitten wie der Dekostoff, geben Sie hier aber ringsum 2 cm zu.
- Von der Kederschnur brauchen Sie so viel, dass Sie die gesamte Unterkante des Kastenrahmens damit verzieren können.
- Für den Bezug der Kederschnur berechnen Sie zuerst die Breite des benötigten Stoffstreifens. Messen Sie dafür den Umfang der Schnur und rechnen Sie 3 cm Nahtzugabe dazu. Schneiden Sie aus dem kontrastierenden Stoff die erforderliche Anzahl von Stoffstreifen dieser Breite zu, folgen Sie dabei dem Fadenlauf parallel zur Webkante.
- Von der Wattierung bzw. der dicken Gewebeeinlage brauchen Sie so viel, dass Sie die Vorder- und Seitenteile des Blendenrahmens damit bedecken können.

1 Ziehen Sie auf Papier die Umrisse des Blendenvorderteils nach. Zeichnen Sie am unteren Rand das gewünschte Muster auf. Schneiden Sie die Papierschablone aus. Ziehen Sie die Umrisse der Seitenteile nach und schneiden Sie die Teile aus dem Papier aus. Legen Sie die Papierschablone auf die zugeschnittene Blendenvorderseite, dabei bleibt ein Abstand von 4 cm zum unteren Rand. Ziehen Sie die Umrisse der Bogenkante nach und sägen Sie die Kante mit der Laubsäge aus. Bohren Sie je zwei Löcher in die seitlichen Ränder des Vorderteils und sechs in den oberen Rand. Halten Sie dabei einen Abstand von 3 mm zur Kante. Bohren Sie in jede kurze Seite des Oberteils ebenfalls zwei Löcher.

2 Schrauben Sie das Vorderteil am oberen Rand an das Oberteil. Stellen Sie den Kastenrahmen fertig, indem Sie das Vorderteil an die vordere Kante der Seitenteile und zuletzt das Oberteil an die obere Kante der Seitenteile schrauben.

TIPP

Mit Staffierstich wird die Kante am saubersten, da die Stiche nicht sichtbar sind. Schneller geht es, wenn Sie das Futter sauber an die Unterkante tackern. Die Klammern können Sie dann mit Borte abdecken.

6 Stellen Sie aus dem kontrastierenden Stoff den Keder her. Folgen Sie dazu der Anleitung auf S. 196. Tackern Sie den Keder an die Unterkante des Blendenrahmens. Achten Sie darauf, dass die Schnur nach außen zeigt und sich die Wulst wie hier zu sehen vor der Kante befindet.

7 Entfernen Sie das Klebeband von der Schablone. Schneiden Sie mit Hilfe des großen Schablonenteils das Futter für die Blendenvorderseite zu. Geben Sie dabei ringsum 2 cm zu. Schlagen Sie am unteren Rand einen einfachen Saum von 1 cm um und stecken Sie das Futter an der Unterkante der Vorderseite fest. Schieben Sie den Stoffbruch dabei genau an die Kederwulst heran.

8 Schneiden Sie den Stoff an den Ecken der Bogenkante ein. Streichen Sie das Futter an der Rückseite des Blendenvorderteils glatt. Achten Sie darauf, dass Sie den Stoff fest in die Ecken drücken. Tackern sie das Futter an den Seiten und oben fest. Nähen Sie das Futter an der Unterkante der Blende mit Staffierstich an. Benutzen Sie dazu die Polsternadel.

3 Breiten Sie die Papierschablone für das Vorderteil aus und legen Sie die Schablonen für die Seitenteile mit je 1 cm Abstand daneben. Verbinden Sie die Papierteile mit Klebestreifen. Schneiden Sie mit Hilfe der Schablone die Wattierung zu. Befestigen Sie die Wattierung mit Textilkleber am Vorderteil und an den Seitenteilen des Kastenrahmens.

4 Schneiden Sie mit Hilfe der Papierschablone den Dekostoff zu, geben Sie dabei ringsum 1,5 cm zu. Breiten Sie das Stoffteil mit der linken Seite nach oben aus. Legen Sie das Vorderteil der Blende mit der Wattierung nach unten mittig auf, sodass oben und unten 1,5 cm Stoff sichtbar sind. Schneiden Sie die Ecken in der Bogenkante ein.

5 Tackern Sie den überstehenden Stoff sorgfältig an die Rahmenkanten. Setzen Sie die Klammern in gleichmäßigen Abständen und ziehen Sie den Stoff immer straff. Falten Sie den Stoff an den Ecken und führen Sie ihn straff an die Seitenteile.

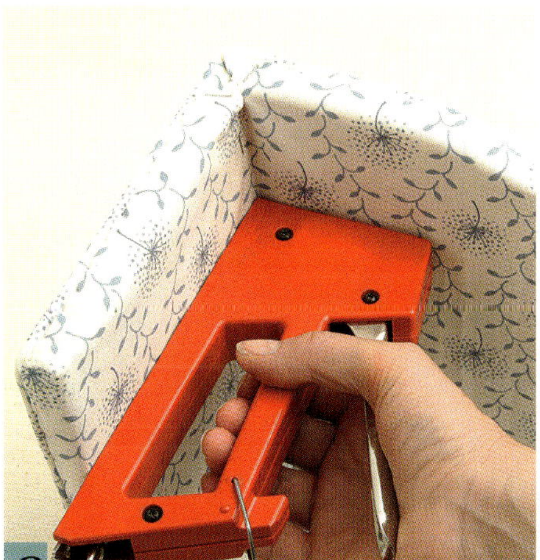

9 Schneiden Sie mit Hilfe der Seitenschablonen das Futter für die Seitenteile zu, geben Sie dabei ringsum 2 cm zu. Stecken Sie das Futter wie für das Vorderteil beschrieben an die Unterkante der Blende und nähen Sie es mit Staffierstich an. Schlagen Sie das Futter an der hinteren Kante der Seitenteile um und tackern Sie es fest. Tackern Sie die übrigen Ränder an. Bringen Sie die Blende mit Hilfe der Winkeleisen oberhalb Ihrer Fensterdekoration an (s. S. 189).

VARIATION

Ihnen gefällt ein gebogter Abschluss, Sie hätten es aber gern etwas zwangloser und weniger fest? Dann setzen Sie doch diese Idee um: Bringen Sie ein Befestigungsbrett an. Schneiden Sie geschwungene Stoffteile zu, die sich überlappen und das Brett über die gesamte Breite bedecken. Säumen Sie die Stoffteile und tackern Sie den oberen Rand an die Oberseite des Bretts. Durch die Überlappung entsteht ein Bogeneffekt, der hier asymmetrisch ausfällt.

DEKORIEREN LEICHT GEMACHT

Überwurf-Vorhang

Dieses altehrwürdige Leinentuch, das von einem Markt im ländlichen Frankreich stammt, ist viel zu schade zum Polieren von Gläsern. Als schlichte Dekoration für ein Küchenfenster kommt es viel besser zur Geltung. Es wurde einfach über die dünne Metallstange geworfen. Das Licht wird gefiltert und macht die schöne Leinenstruktur und die eingewebten Farbstreifen besonders gut sichtbar. Dieser Überwurf endet über den Blumen auf dem Fensterbrett. Wenn Sie ein solches Tuch weiter unten enden lassen wollen, können Sie am oberen Rand Bänder annähen und es an die Stange binden.

VARIATION

Ein schönes altes Laken aus französischem Leinen zu zerschneiden wäre wirklich Frevel. Wir haben es so an einen alten Balken gepinnt, dass der Teil mit dem handgestickten Monogramm nach vorn überfällt. Der längere Teil wird mit einem Stück Juteschnur vom Fenster weggenommen, das passt gut in die rustikale Umgebung.

Raffhalter aus Stoff

Raffhalter sehen nicht nur attraktiv aus, sie sind auch sehr nützlich, vor allem bei bodenlangen Vorhängen an Türen oder Fenstern mit wenig Platz. Die Vorhänge müssen nicht ständig zur Seite genommen oder geschoben werden, sondern bleiben an ihrem Platz. Geschwungene Raffhalter werden oft aus dem Vorhangstoff hergestellt, Sie können sie aber auch aus einem kontrastierenden Stoff nähen, der vielleicht schon anderswo im Zimmer verwendet wurde.

MATERIAL

- Dekostoff (Vorhang- oder kontrastierender Stoff) – Maße s. rechte Seite
- Futterstoff – Maße s. rechte Seite
- Steifleinen oder Einlage (nicht zum Aufbügeln) – Maße s. rechte Seite
- Zwei Vorhangringe aus Messing oder Kunststoff pro Raffhalter
- Papier und Bleistift für Schablone (s. S. 200)

STOFFBEDARF

- Für den Dekostoff rechnen Sie pro Raffhalter ein Teil in der Größe Ihrer Schablone plus 1,5 cm Nahtzugabe ringsum.
- Das Futter wird in derselben Größe zugeschnitten wie der Dekostoff.
- Die Einlage wird in der Größe der Schablone ohne Zugabe zugeschnitten, ebenfalls ein Teil pro Raffhalter.

VORBEREITUNG

- Schneiden Sie die pro Raffhalter benötigten Teile zu. Legen Sie dazu die Papierschablone auf und ziehen Sie den Umriss nach. Denken Sie daran, beim Ausschneiden der Teile aus Deko- und Futterstoff rundum 1,5 cm Nahtzugabe zuzugeben.

1 Legen Sie Dekostoff und Futter rechts auf rechts aufeinander und stecken Sie den oberen Rand sowie die Seiten zusammen. Der untere Rand bleibt offen. Nähen Sie die drei Seiten mit der Maschine zusammen, halten Sie dabei einen Abstand von 1,5 cm vom Rand ein.

2 Schneiden Sie an den zusammengenähten geschwungenen Rändern kleine V-förmige Kerben in die Nahtzugabe.

3 Drehen Sie den Raffhalter auf rechts. Streichen Sie die zusammengenähten Kurven gut aus und bügeln Sie alle Kanten glatt.

5 Schneiden Sie die Nahtzugabe an den Enden der Öffnung 1 cm ein.

6 Bügeln Sie an beiden Stofflagen einen einfachen Saum von 1,5 cm auf die linke Seite um. Auch diese beiden Säume sollten hinter der Einlage auf der Futterseite liegen.

7 Stecken und heften Sie den unteren Rand zusammen. Nähen Sie die Stoffbrüche mit Staffierstich zusammen (s. S. 190). Entfernen Sie den Heftfaden.

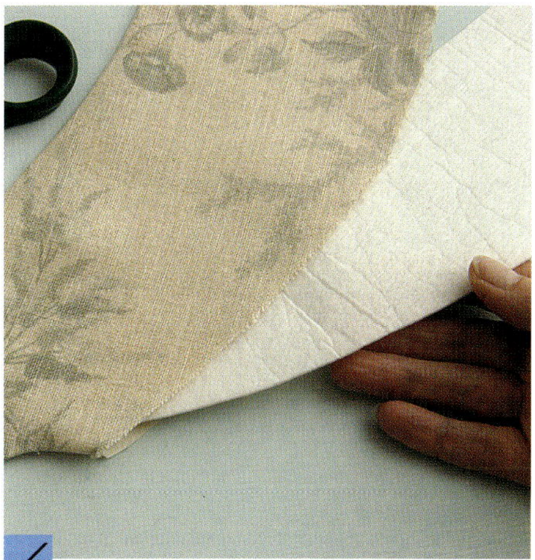

4 Schieben Sie die Einlage durch die Öffnung in den Raffhalter. Achten Sie darauf, dass beide Nahtzugaben unter der Einlage auf der Futterseite zu liegen kommen. Schneiden Sie die Einlage zurecht, bis sie ganz genau passt.

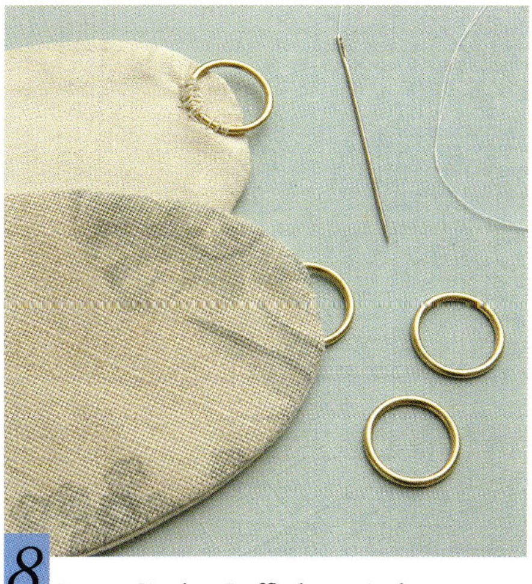

8 Legen Sie den Raffhalter mit dem Futter nach oben hin. Nähen Sie an jede kurze Seite einen Vorhangring, am besten mit Überwendlichstichen (s. S. 190). Der Ring sollte leicht über die Kante herausragen. Befestigen Sie einen der Ringe an einem Raffhalterhaken, der seitlich vom Fenster angebracht wurde. Führen Sie den Raffhalter um den Vorhang und haken Sie den zweiten Ring ein.

TIPP

Solche Raffhalter aus Stoff sehen noch toller aus, wenn die Kante mit einem Keder betont wird (s. S. 196). Dafür müssen Sie vor Arbeitsschritt 1, also bevor Sie die beiden Stoffteile verbinden, den Keder an das Dekostoffteil anheften und mit der Maschine annähen. Verwenden Sie dazu den Reißverschlussfuß. Führen Sie dann die übrigen Arbeitsschritte wie beschrieben aus. Als Alternative können Sie die Umrisse des fertigen Raffhalter auch mit einer aufgenähten Zierkordel betonen.

VARIATION

Raff- und Vorhanghalter gibt es in vielen Varianten. Sie können die beliebten Quasten, aber auch einfache hölzerne Vorhanghalter verwenden, um gefütterte Vorhänge vom Fenster wegzunehmen. Auf jeden Fall sollte die Innenkante der Vorhänge oberhalb des Raffhalters nie straff gezogen, sondern ein wenig gebauscht sein.

Raffhalter zum Binden

Diese unkomplizierten Raffhalter sind ideal für Kinderzimmer, wo keine schweren, sondern meist leichtere Baumwollvorhänge zu halten sind. Das schaffen diese Bindehalter problemlos. Wir haben sie aus lindgrünem und gestreiftem Stoff in frischen Blautönen genäht und mit einem Schrägstreifen eingefasst. Sie können auch von Kindern leicht gebunden werden.

MATERIAL

- Dekostoff – Maße s. rechte Seite
- Kontrastierender Dekostoff – Maße s. rechte Seite
- Kontrastierender Dekostoff für den Schrägstreifen – Maße s. rechte Seite
- Passendes Nähgarn
- Ein Vorhangring aus Messing oder Kunststoff
- Papier zum Anfertigen der Schablone
- Maßband
- Trinkbecher oder Glas

TIPP

Wenn es schneller gehen soll, kaufen Sie einfach 2,5 cm breites Schrägband, statt den Schrägstreifen aus kontrastierendem Stoff selbst herzustellen.

STOFFBEDARF

- Legen Sie fest, wie lang Ihr Raffhalter sein soll. Legen Sie dazu das Maßband um den Vorhang und binden Sie die Enden locker zusammen. Rechnen Sie für die beiden losen Enden eine Länge von ca. 20 cm vom Knoten an gemessen. Knoten Sie das Band auf und notieren Sie die Länge.
- Zeichnen Sie einen 9,5 cm breiten Streifen in der errechneten Länge auf das Papier. Runden Sie die Enden mit Hilfe eines umgedrehten Trinkbechers oder Glases ab, dessen Rand Sie nachzeichnen. Schneiden Sie die Papierschablone aus. Für jeden Raffhalter werden zwei nach diesem Muster zugeschnittene Teile aus den beiden verschiedenen Stoffen benötigt.
- Messen Sie den Umfang des Raffhalterstreifens, um festzustellen, wie lang der Schrägstreifen sein muss. Schneiden Sie einen langen oder mehrere kurze Streifen von 4 cm Breite schräg zum Fadenverlauf zu. Wenn Sie Streifen zusammennähen müssen, rechnen Sie jeweils 1,5 cm Nahtzugabe dazu (s. S. 200).

1 Schneiden Sie aus den beiden Dekostoffen die pro Raffhalter benötigten Teile und den Schrägstreifen aus dem dritten Stoff zu. Nähen Sie kürzere Schrägstreifen rechts auf rechts zusammen, bis Sie die erforderliche Länge erreichen. Versäubern Sie den Streifen, indem Sie die Längskanten so auf die linke Seite umschlagen, dass sie sich in der Mitte treffen (s. S. 200). Legen Sie die beiden Teile für den Raffhalter links auf links aufeinander. Heften Sie die beiden Teile am Rand zusammen.

2 Klappen Sie den Umschlag an einer langen Seite des Schrägstreifens wieder auf und stecken Sie den Streifen auf einer Seite des Raffhalters rechts auf rechts an den zusammengehefteten Rand. Nutzen Sie die Bruchlinie als Orientierung und achten Sie darauf, dass die unversäuberten Ränder genau abschließen. Stecken Sie die Nadeln an den abgerundeten Enden senkrecht ein, das erleichtert die Richtungsänderung. Versäubern Sie zum Schluss die Schmalseiten des Schrägstreifens. Schlagen Sie dazu an einer Seite 1 cm nach innen um und schieben Sie die umgeschlagene Seite unter die unversäuberte. Stecken Sie alles fest.

3 Nähen Sie den Schrägstreifen mit der Maschine an, folgen Sie dabei der Bruchlinie. Entfernen Sie den Heftfaden.

4 Falten Sie den Schrägstreifen an der Nahtlinie nach oben und legen Sie die andere, umgeschlagene Kante auf die Rückseite des Raffhalters um. Richten Sie den Stoffbruch an der Naht aus und stecken Sie den Streifen fest. Nähen Sie den Streifen mit Staffierstich (s. S. 190) an den Raffhalter. Entfernen Sie die Stecknadeln.

5 Nähen Sie den Vorhangring mit der Hand an die Seite des Raffhalter, die am Vorhang sichtbar sein soll. Platzieren Sie den Ring in der Mitte des Stoffstreifens, unmittelbar neben der Einfassung.

VARIATION

Einen tollen Raffhalter für einen dekorativen Organzavorhang erhalten Sie, wenn Sie Glasperlen auf einen Nylonfaden fädeln. Am schönsten sieht das aus, wenn Sie Perlen unterschiedlicher Größe und Form verwenden und zwei Ketten kombinieren. Binden Sie an jedes Fadenende einen Vorhangring, womit der Raffhalter am Wandhaken befestigt wird.

Arbeitstechniken

Hier finden Sie Hinweise zu allen für die Projekte dieses Buches benötigten grundlegenden Arbeitstechniken, vom Maßnehmen über die Pflege von Dekostoffen bis zu den Näharbeiten.

Auswahl des Stoffes

Wenn Sie sich entschieden haben, was Stil und Design Ihrer Fensterdekoration angeht, folgt schon die nächste Entscheidung: Welchen Stoff wollen Sie verwenden? Das ist natürlich zuallererst eine Geschmacksfrage, doch heutzutage gibt es so ein Riesenangebot an Stoffen, dass man oft gar nicht weiß, wo man anfangen soll. Zur Auswahl stehen schwere Leinenstoffe, Gewebe mit reliefartiger Struktur, Seiden, dicke Samte, dünne transparente Stoffe und vieles mehr. Wenn Sie sich bei der Art des Stoffes festgelegt haben, gilt es eine Farbe oder ein Druckdessin auszuwählen. Eine Orientierungsgröße bei der Farbwahl ist oft die Gestaltung des übrigen Raums. Doch wollen Sie ein traditionelles Blumenmuster, ein geometrisches Muster oder Streifen? Oder einen glänzenden einfarbigen Chintz? Auf jeden Fall sollten Sie ganz sicher sein, dass der Stoff, den Sie im Auge haben, auch wirklich gut für Ihr Vorhaben geeignet ist. Nehmen Sie erst einmal verschiedene kleine Muster mit nach Hause. Wenn Sie einen Favoriten gekürt haben, leihen Sie sich davon im Geschäft ein größeres Muster aus oder investieren Sie das Geld für einen Meter.

Betrachten Sie das Stoffmuster sowohl bei Tages- als auch Kunstlicht und stellen Sie fest, wie groß der Musterrapport ist. Bei einem größeren Stoffmuster wirkt die Farbe dunkler und ein Dessin kann ganz anders wirken, wenn es aus einiger Entfernung betrachtet wird. Hängen Sie das Muster ins Fenster und drapieren und falten Sie es, um zu sehen, wie der Stoff reagiert.

Auf keinen Fall sollten Sie bei der Stoffmenge sparen. Füllige Vorhänge aus einer großen Menge preiswerten Materials sehen viel besser aus als solche, für die nur halb so viel teurer Stoff verwendet wurde.

Baumwollstoff ist eine gute Wahl, da er strapazierfähig und preiswert ist und gut fällt. In den meisten Fällen ist er auch waschbar. Baumwolle kann jedoch eingehen, kaufen Sie also vorgewaschenen Stoff oder waschen Sie den Stoff vor dem Zuschneiden.

Wenn Sie eine weiche, bauschige Optik haben wollen, sollten Sie sich für Seidentaft oder ein synthetisches Material mit ähnlichen Eigenschaften entscheiden. Seide, Satin, Taft und die zahlreichen synthetischen Varianten lassen sich ausgezeichnet drapieren und sind in vielen Farben und Mustern erhältlich. Naturseide ist teuer und wenn sie nicht gefüttert ist, kann sie durch lang anhaltende starke Sonneneinstrahlung zerstört werden. Ein preiswerterer Stoff mit ähnlicher Wirkung ist oft die bessere Alternative.

Leinen, Mischgewebe aus Leinen und Baumwolle sind die strapazierfähigsten Dekostoffe. Als Faustregel gilt, dass das Leinen umso weicher ist und umso besser fällt, je teurer es ist.

Zuschneiden

Sie brauchen eine große ebene Arbeitsfläche und eine scharfe Schneiderschere. Kontrollieren sie vor dem Zuschneiden die gesamte Stoffbahn auf fehlerhafte Stellen und überprüfen Sie Ihre Berechnungen für die Maße noch einmal. Vergewissern Sie sich, dass Sie korrekte Saum- und Nahtzugaben sowie Musterwiederholungen eingerechnet haben. Bügeln Sie eventuelle Falten aus.

Markieren Sie zuerst eine gerade Linie, die rechtwinklig zur Webkante verläuft. Bei grob gewebten Stoffen können Sie dafür einen waagerechten Schussfaden herausziehen. Bei anderen Stoffen ziehen Sie die Linie mit Zeichendreieck, langem Lineal und Schneiderkreide. Schneiden Sie den Stoff an dieser Linie rechtwinklig zur Webkante ab. Messen Sie die benötigte Länge ab und markieren Sie das Maß mit einer Stecknadel. Überprüfen Sie immer wieder, ob Ihre Maße korrekt sind, bevor Sie schneiden.

Bei einem Stoff mit sich wiederholendem Muster ist es wichtiger, am unteren Rand einen vollständigen Mustersatz (Rapport) zu haben als oben. Markieren Sie den oberen

MUSTERANPASSUNG

Wenn Sie zwei Vorhänge nähen, müssen Sie darauf achten, dass die beim Zuziehen zusammentreffenden Innenkanten vom Muster her genau zusammenpassen. Dasselbe gilt für Nähte, wenn mehrere Stoffbahnen zusammengenäht werden müssen. Am besten nehmen Sie die Musteranpassung vor dem Nähen vor.

1 Breiten Sie eine der zugeschnittenen Bahnen mit der rechten Seite nach oben auf einer ebenen Fläche aus. Schlagen Sie an einer Längsseite einer anderen Bahn die Nahtzugabe um und bügeln Sie leicht darüber.

2 Legen Sie die zweite Stoffbahn mit der rechten Seite nach oben neben die erste und schieben Sie den umgebügelten Rand über den Rand der ersten Bahn, bis das Muster genau passt. Stecken Sie die Teile zusammen und heften Sie mit Leiterstich. Entfernen Sie die Stecknadeln, öffnen Sie die Nahtzugabe und nähen Sie die Bahnen auf die gewohnte Art von links zusammen.

3 Entfernen Sie den Heftfaden. Wenn die Grundfarbe des Vorhangs dunkel ist oder die Webkanten sehr dicht sind, bügeln Sie die Nahtzugabe auseinander und schneiden die Webkante in Abständen von 5 cm ein. Wenn das Muster eine helle Hintergrundfarbe hat, schneiden Sie die Webkante auf 1,5 cm zurück, wobei auch eventuell aufgedruckter Text entfernt wird.

Rand jeder zugeschnittenen Stoffbahn mit Schneiderkreide, damit die Bahnen später beim Zusammennähen alle in der gleichen Richtung liegen. Das ist besonders wichtig bei Stoffen mit Strich.

Falten Sie zugeschnittene Stoffbahnen möglichst nicht zusammen. Wenn es sich doch nicht vermeiden lässt, legen Sie die Bahnen längs zusammen, sodass eventuell entstehende Brüche und Knicke später in den Vorhangfalten verschwinden.

Schienen und Stangen

Alle Vorhänge und Gardinen müssen vor dem Fenster aufgehängt werden. Dafür gibt es verschiedene Möglichkeiten. Wenn Sie die Aufhängung nicht mit einer Blende oder einem Querbehang verdecken wollen, empfiehlt sich natürlich eine Stange aus Holz oder Metall, die auch selbst ein dekorativer Blickfang ist. Für die beidseitig angebrachten Endstücke gibt es unzählige Varianten, von traditionellen Ornamentformen wie Akanthusblatt oder Ananas bis hin zu ganz schlichten Formen.

Auch gusseiserne Stangen sind sehr beliebt. Sie haben oft dekorativ gebogene oder eingerollte Enden. Wählen Sie Holz in Antik-Optik oder schwarzes Gusseisen, wenn Sie im skandinavischen Stil dekorieren, Holz in natürlicher Optik für ein Zimmer im Landhausstil und gebürsteten Stahl für einen modernen, sachlichen Raum.

Schieben Sie passende Holz- oder Metallringe auf die Stange und befestigen Sie diese mit speziellen Halterungen über dem Fenster. Bei einer sehr langen Stange müssen Sie u. U. in der Mitte eine zusätzliche Halterung anbringen, damit sie nicht durchhängt. Für die Aufhängung der Vorhänge gibt es ebenfalls viele Möglichkeiten, oft werden Haken in das Kräusel- oder Faltenband eingehängt und an den Ringen befestigt. Einige der moderneren Varianten sind ganz schlicht, aber besonders wirkungsvoll: dünne Spanndrähte, die durch Ösen oder Ringe gefädelt werden, schick designte Clips, an denen man auch Vorhänge befestigen kann, die keinerlei Näharbeiten erfordern, oder kleine Metallclips mit Zähnen, die eine Stoffbahn problemlos halten können. Passen Sie aber auf, dass diese Clips zarten dünnen Stoff nicht zerreißen.

Bei Stangen und Endstücken gibt es ein enorm breites Angebot. Das Spektrum reicht von schlichten modernen Stangen aus gebürstetem Stahl bis hin zu traditionellen Designs mit ornamentalen Endstücken wie den hier abgebildeten.

Pflege von Vorhängen und Rollos

Regelmäßige Pflege verhindert, dass Fensterdekorationen zu schmutzig werden.

Staubsaugen

Durch regelmäßiges Absaugen verhindern Sie, dass sich Hausstaub tief in den Fasern Ihrer Vorhänge und Rollos absetzt. Wenn sich der Staub erst einmal festgesetzt hat, ist er nur noch schwer zu entfernen. Nutzen Sie für das Absaugen von Fensterdekorationen einen weichen Bürstenaufsatz und bearbeiten Sie die Innenseite von Rüschen und Falten besonders sorgfältig.

Auslüften

Eine der einfachsten Möglichkeiten, Vorhänge frisch zu machen, ist das Auslüften. Öffnen Sie dazu die Fenster weit, am besten an einem schönen, trockenen Tag mit einer leichten Brise. Ziehen Sie die Vorhänge vor das offene Fenster und lassen Sie sie ein paar Stunden auslüften. Das entfernt unangenehme Gerüche und Hausstaubmilben. Natürlich können Sie Ihre Vorhänge auch für einen Nachmittag auf die Wäscheleine im Garten hängen.

Waschen

Ungefütterte Vorhänge können Sie waschen. Dabei können jedoch spezielle Appreturen verloren gehen, was sich negativ auf die Fülle der Vorhänge auswirken kann. Machen Sie sich beim Stoffkauf Notizen zu den Pflegehinweisen am Stoffballen oder heben Sie das Etikett auf. Sie können auch einen Test machen. Schneiden Sie dazu ein Viereck von 20 × 20 cm aus dem Stoff zu und waschen Sie es. Messen Sie das Muster nach dem Trocknen und Bügeln, um zu sehen, ob es eingegangen ist. Wenn das der Fall ist, sollten Sie Ihre Vorhänge entweder mit der Hand in kaltem Wasser waschen oder reinigen lassen.

Bügeln Sie Vorhänge, wenn sie noch leicht feucht sind. Achten Sie bei Nähten und Säumen darauf, dass Ränder von der Innenseite nicht durchdrücken. Stellen Sie das Bügeleisen auf eine niedrige Temperatur ein und legen Sie ein Bügeltuch auf den Stoff, um Glanzbildung und Sengstellen zu verhindern. Knitter an hängenden Vorhängen können Sie auch mit einem Dampfreiniger entfernen.

Reinigung

Für gefütterte Vorhänge und Rollos ist das die einzige Möglichkeit. Lassen Sie aber nicht zu oft reinigen, regelmäßiges Absaugen und Auslüften sind auf jeden Fall vorzuziehen.

Pflege der Aufhängung

Damit alles reibungslos läuft, sollten Sie die Innenseite von Gardinenschienen und die Oberseite von Gardinenstangen ab und zu mit Antistatik-Spray behandeln. Zum Abstauben von Endstücken und Ringen empfiehlt sich ein weicher Pinsel.

Maßnehmen für Vorhänge

Beim Maßnehmen für Vorhänge ist es vorteilhaft, wenn die Aufhängevorrichtung (Stange oder Schiene) schon angebracht ist. Bei bodenlangen Vorhängen sollte auch der Fußbodenbelag, etwa ein dicker Teppich, schon vorhanden sein.

Benutzen Sie immer ein langes Rollbandmaß aus Metall und bitten Sie jemanden um Unterstützung, wenn sehr große Fenster auszumessen sind. Sie sollten sich auch schon darüber im Klaren sein, welche Aufhängung Ihr Vorhang haben soll, da davon der Abstand der Stange zum oberen Fensterrand oder zum Abschlussband abhängt.

Vorhangbreite

Die Breite des benötigten Stoffes hängt von der Art der Aufhängung ab (s. dazu die Angaben für die einzelnen Projekte). Als Faustregel gilt: Die Stoffbreite sollte dem Eineinhalb- bis Zweifachen der Stangenlänge entsprechen, bei einem Paar Vorhängen teilen Sie das Stangenmaß durch zwei.

Vorhanglänge

Die Länge des fertigen Vorhangs ermitteln Sie wie folgt:

- Bei Aufhängung an einer sichtbaren Schiene müssen Sie feststellen, in welchem Abstand von der Schiene sich der Gardinenabschluss befinden wird. Wenn Sie sich unsicher sind, befestigen Sie ein Stück Kräusel- oder Faltenband mit Vorhanghaken an der Schiene und messen Sie von der Oberkante des Bandes.
- Bei Aufhängung an einer Stange messen Sie vom unteren Rand des Vorhangrings oder der Öse.
- Bei Aufhängung an einer Schiene, die an einem Blendenbrett befestigt ist, messen Sie von der Unterseite des Bretts und ziehen das Maß für die Vorhanghaken ab. Dieses hängt vom Abschluss und der Aufhängung ab. Wenn Sie sich unsicher sind, befestigen Sie ein Stück Kräusel- oder Faltenband mit Vorhanghaken an der Schiene und messen Sie den Abstand zwischen der Oberkante des Bandes und der Unterseite des Bretts.
- Ziehen Sie bei bodenlangen Vorhängen vom Maß B (s. Abb. unten links) 1 cm ab, dann hat der Vorhang unten etwas Spielraum. Soll der Vorhang aufliegen, rechnen Sie 15 – 20 cm zu B hinzu.
- Bei Vorhängen, die am Fensterbrett enden sollen, geben Sie 5 – 10 cm zum Maß C (s. Abb.) dazu, dann reicht die Dekoration bis kurz unter das Fensterbrett. Wenn das Fensterbrett zu weit herausragt, ziehen Sie 1 cm von C ab, damit etwas Spielraum bleibt.

Berechnung des Stoffbedarfs

Rechnen Sie zuerst aus, wie viele Stoffbahnen Sie benötigen. Teilen Sie dazu die errechnete Breite des fertigen Vorhangs durch die Breite des Stoffes.

Ein Beispiel: Bei einer Vorhangbreite von 230 cm und einer Stoffbreite von 130 cm brauchen Sie zwei Bahnen. Wenn das Ergebnis knapp unter oder über einer ganzen Zahl liegt, runden Sie auf diese Zahl auf oder ab. Bei zwei Vorhängen können Sie auch Bahnen halbieren, wenn Ihr Rechenergebnis in der Nähe einer halben Stoffbreite liegt. Achten Sie beim Zusammennähen darauf, dass die halbierten Bahnen an die Außenseite der Vorhänge kommen.

Berechnen Sie als nächstes den Stoffbedarf. Rechnen Sie beim Längenmaß die Saumzugaben für unten und oben dazu (s. dazu die Angaben für die einzelnen Projekte) und multiplizieren Sie dieses Gesamtmaß mit der errechneten Anzahl der Bahnen.

Wenn Ihr Dekostoff ein sich wiederholendes Muster hat, müssen Sie pro Stoffbahn (außer bei der ersten) das Maß eines vollständigen Mustersatzes dazurechnen.

MASSNEHMEN FÜR VORHÄNGE

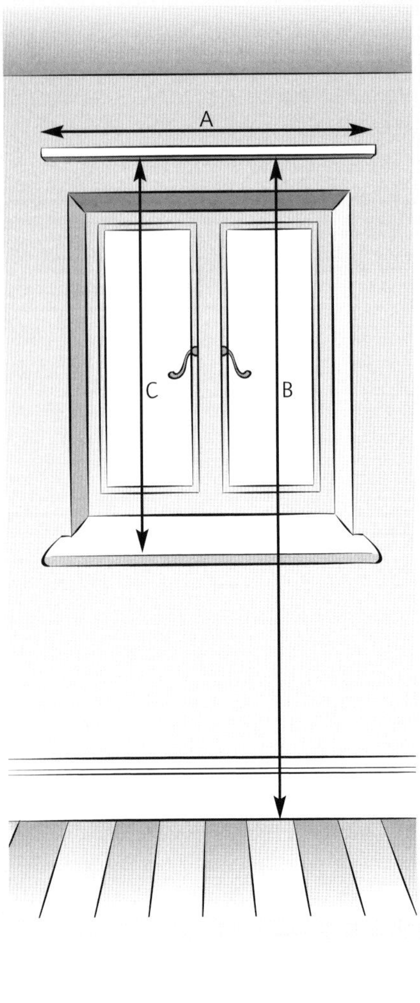

Für die Berechnung der Stoffmenge gibt es zwei wichtige Maße: die Länge der Stange bzw. Schiene (wenn sich Schienen in der Mitte überlappen, müssen Sie das natürlich berücksichtigen) oder des Befestigungsbretts für die Blende (in der Abbildung Maß A) und der Abstand von der Aufhängungsvorrichtung bis zum Fußboden (in der Abbildung Maß B) oder Fensterbrett (in der Abbildung Maß C), je nach Design.

Messen Sie B an verschiedenen Stellen des Fensters, da Fußböden uneben sein können. Überprüfen Sie auch, ob das Fenster lotrecht (also ein ganz gerades Rechteck oder Quadrat) ist, indem Sie die Breite sowohl am oberen als auch am unteren Rand messen. Kontrollieren Sie alle Maße, indem Sie noch zweimal nachmessen.

Maßnehmen für Rollos

Für das Anbringen eines Rollos wird eine Holzleiste benötigt. Wie bei Vorhängen ist es auch hier günstig, wenn diese Leiste schon vor dem Maßnehmen angebracht wird (s. Vorbereitung einer Holzleiste auf S. 188). Rollos können am Fensterrahmen oder in der Fensternische, aber auch über dem Fenster angebracht werden. Für die Installation in der Fensternische oder am Rahmen eignen sich Wickel- und Faltrollos am besten, die Nachteile sind, dass kaum Licht ins Zimmer gelangt und dass manche Fenster sich eventuell nicht mehr öffnen lassen. Über dem Fenster angebrachte Rollos sind flexibler, sie können ein nicht sehr ansehnliches Fenster verdecken und lassen mehr Licht in den Raum.

Abstände der Rundhölzer bei Faltrollos

Messen Sie Ihr Fenster (s. Abb. rechts), um festzustellen, wie breit und lang das fertige Rollo sein muss.

Wenn in der Anleitung nichts anderes angegeben ist, sollte der Abstand zwischen dem Tunnel für das unterste Rundholz und der Saumkante 10 cm (eine halbe Faltenbreite) betragen (s. Abb. rechts unten) und der Abstand zwischen dem Tunnel für das oberste Rundholz und der Oberkante des Rollos 30 cm (die eineinhalbfache Faltenbreite). Verteilen Sie die übrigen Tunnel für die Rundhölzer mit jeweils 20 cm Abstand (eine ganze Faltenbreite) dazwischen. Die Anzahl hängt natürlich von der Größe Ihres Fensters ab.

Bei einem gefütterten Faltrollo müssen Sie zur Länge des fertigen Rollos 3 cm pro Tunnel und die Saumzugaben dazurechnen.

Berechnung des Stoffbedarfs

Der Ausgangspunkt für die Berechnung der Rollobreite ist die Länge der Holzleiste. Dieses Maß wird mit der Rollolänge multipliziert. Denken Sie daran, dass das die Maße des fertigen Rollos sind – Angaben zu Naht- und Saumzugaben finden Sie bei den jeweiligen Projekten.

MASSNEHMEN FÜR ROLLOS

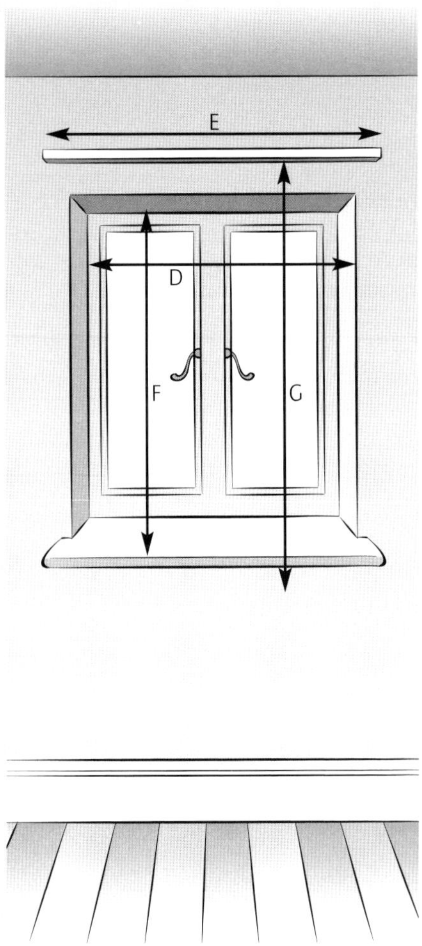

Soll das Rollo direkt am Fenster hängen, schrauben Sie die Leiste an die Oberseite der Fensternische oder direkt an den Fensterrahmen. Die Länge der Leiste entspricht der Breite der Fensternische oder dem Abstand zwischen den Seitenkanten des Fensterrahmens (in der Abbildung links Maß D), minus 1 cm pro Seite, damit das Rollo später nicht anstößt. Soll das Rollo über dem Fenster angebracht werden, errechnen Sie die Länge der Leiste wie folgt: Breite des Fensters plus 10 – 15 cm auf jeder Seite. Schrauben Sie die Leiste entweder direkt an die Wand (s. Maß E in der Abbildung) oder – wenn vorhanden – an die Abschlussleiste des Fensterkastens.

Rollolänge

Um die Länge eines in der Fensternische hängenden Rollos zu berechnen, messen Sie von der Oberkante der Leiste bis zum Fensterbrett und ziehen 1 cm ab (Maß F).

Um die Länge eines oberhalb der Fensternische angebrachten Rollos zu erhalten, messen Sie von der Oberkante der Leiste bis zu einem Punkt 5 cm unterhalb des Fensterbretts (Maß G).

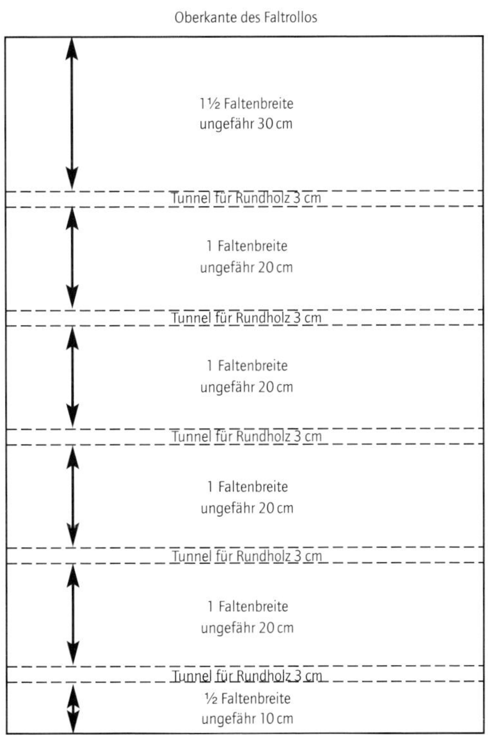

Vorbereitung einer Holzleiste

Mit der Leiste wird ein Rollo am Fensterrahmen oder an der Wand angebracht. Verwendet wird eine Holzleiste von 2,5 × 5 cm, die in der Regel mit dem Rollostoff oder einem anderen passenden Stoff bezogen wird.

ARBEITSSCHRITTE

Schneiden Sie eine Holzleiste zu. Ihre Länge entspricht der Breite des fertigen Rollos (s. Maßnehmen für Rollos auf S. 187). Bohren Sie in die später nach vorn (bei Anbringung am Fensterrahmen oder an der Wand) bzw. nach unten zeigende Seite der Latte (bei Anbringung oben in der Fensternische) zwei Löcher. Diese sollten jeweils 15 cm vom seitlichen Rand entfernt sein.

1 Schneiden Sie für jedes Rollo unabhängig von der Aufhängung einen Stoffstreifen zu, der breit genug ist, um die Latte einzuhüllen, und an beiden Seiten 10 cm länger ist als die Latte. Legen Sie die Latte mittig auf die linke Seite des Streifens. Schlagen Sie den an den Schmalseiten überstehenden Stoff nach oben um und tackern Sie ihn an der Latte fest.

2 Schlagen Sie den an den Längsseiten überstehenden Stoff an den Ecken nach oben und tackern Sie ihn fest. Achten Sie auf saubere Ecken ohne Überstand. Tackern Sie dann den Stoff auf beiden Seiten über die gesamte Länge fest.

3 Tackern Sie die Hakenseite des Klettbandes an die spätere Oberseite der Leiste (bei Aufhängung am Fensterrahmen oder an der Wand), damit die zusammengenähte Oberkante des Rollos später nicht sichtbar ist. Sie müssen aber die Breite der Leiste beim Stoffbedarf mit einrechnen. Bei Anbringung in der Fensternische wird das Klettband an die spätere Vorderseite der Leiste getackert.

4 Markieren Sie mit einer Ahle die Positionen für die Schraubösen an der Unterseite der Leiste. Die Ösen müssen sich genau in einer Linie mit den Ringen am Rollo befinden. Schrauben Sie die Ösen ein. Schrauben Sie an der Seite, an der sich der Schnurzug befinden wird, eine zusätzliche Öse ein, deren Abstand zum Leistenende 2,5 cm beträgt.

VORBEREITUNG UND ANBRINGEN EINES BLENDENBRETTS

Ein Brett zur Befestigung einer Gardinenblende muss aus stabilem Holz gefertigt werden, das sich nicht durchbiegt. Sie können z. B. 2,5 cm dickes Sperr- oder Nadelholz verwenden.

1 Das Brett sollte 12,5 bis 20 cm tief sein, je nach Projekt. Zwischen Vorhangschiene und Fensterrahmen muss auf jeden Fall ausreichend Abstand sein, damit die Vorhänge genügend Bewegungsfreiheit haben. Die Länge des Bretts entspricht der Länge der Gardinenschiene plus 2,5 cm pro Seite.
2 Beziehen Sie das Brett mit Stoff, den Sie an der Unterseite antackern. Sie können das Brett natürlich auch in einer zur Dekoration passenden Farbe streichen.
3 Tackern Sie die Hakenseite des Klettbandes an die Vorder- und Seitenkanten des Bretts. Daran wird später die Blende befestigt.
4 Bringen Sie das Brett mit Winkeleisen direkt oberhalb des Fensters an der Wand an. Befestigen Sie dann die Gardinenschiene an der Unterseite des Bretts. Sie sollte sich in der Mitte befinden, dann haben die Vorhänge nach vorn und hinten genug Spielraum und lassen sich nach dem Anbringen der Blende leicht auf- und zuziehen.

ANBRINGEN EINER ROLLOLEISTE

Stechen Sie bei einem direkt am Fenster hängenden Rollo den Stoff über den Bohrlöchern durch und schrauben Sie die Leiste oben am Fensterrahmen oder oben in der Fensternische an.

Bei einem über dem Fenster angebrachten Rollo stechen Sie ebenfalls den Stoff durch und schrauben die Leiste direkt an die Wand oberhalb des Fensters oder – wenn vorhanden – oben an den Fensterkasten. Als Alternative können Sie auch kleine Winkeleisen an die Unterseite der Leiste schrauben und diese damit an der Wand befestigen.

Wenn die Vorderseite Ihrer Leiste vollständig verdeckt ist, reicht es, wenn Sie die Enden mit Stoff beziehen oder in der Farbe der Wand oder des Fensterrahmens (je nach Aufhängung) streichen.

Am einfachsten lässt sich ein Rollo installieren, wenn Sie es vor dem Festschrauben mit dem Klettband an der Leiste befestigen und die Schnur durch alle Ringe, Bandschlaufen und Ösen fädeln, wie es im jeweiligen Projekt beschrieben ist. Zum Anbringen der Leiste reicht es, das Klettband bis kurz hinter den Bohrlöchern wieder zu öffnen. Schrauben Sie die Leiste an und drücken Sie das Klettband wieder zusammen.

Stiche

Hier werden die für die Projekte erforderlichen Handstiche näher beschrieben. Sie sollten immer darauf achten, die Stiche einheitlich groß zu arbeiten und eine gleichmäßige Fadenspannung aufrechtzuerhalten. Führen Sie alle Stiche mit einem zum Stoff passenden Faden aus. Nur bei Stichen, die wieder entfernt werden, ist ein kontrastierender Faden zu empfehlen, weil die Stiche damit besser sichtbar sind. (Für die Fotos in den Beschreibungen haben wir immer einen kontrastierenden Faden genommen, damit die Stiche besser erkennbar sind.)

Die Stiche wurden von einer Rechtshänderin ausgeführt. Arbeiten Sie einfach andersherum, wenn Sie Linkshänderin sind.

HEFTSTICH

Das ist ein vorläufiger Stich, der zwei Stoffteile zusammenhält, während die dauerhafte Naht gearbeitet wird. Verwenden Sie einen kontrastierenden Faden und arbeiten Sie unmittelbar neben der Nahtlinie lange, gerade Stiche. Stechen Sie in den Stoff ein und kurz darauf wieder aus.

LEITERSTICH

Das ist ein vorläufiger Stich, der zwei Stoffbahnen zusammenhält, bei denen das Muster an der Naht genau passen muss. Gearbeitet wird auf der rechten Seite. Der Stich ähnelt dem Staffierstich, bei dem ebenfalls ein Stoffbruch an gerade liegenden Stoff angenäht wird. Bügeln Sie an einer Längsseite der ersten Stoffbahn die Nahtzugabe um und legen Sie die Bahn so auf die Nahtzugabe der glatten Stoffbahn, dass das Muster genau passt. Stecken Sie beide Bahnen zusammen. Fixieren Sie den verknoteten Faden in der Bruchkante und führen Sie die Nadel von innen durch die Bruchkante und quer über den Stoß. Stechen Sie knapp neben dem Stoß in die glatte Stoffbahn ein und nach ca. zwei Zentimetern wieder aus. Führen Sie die Nadel wieder quer über den Stoß, stechen Sie in die Bruchkante ein und nach ca. zwei Zentimetern wieder aus. Ziehen Sie den Faden nach. Heften Sie auf diese Weise den gesamten Stoffbruch an. Entfernen Sie die Stecknadeln. Die beiden Stoffbahnen können jetzt rechts auf rechts gelegt und mit der Maschine zusammengenäht werden.

STAFFIERSTICH

Das ist ein unsichtbarer Stich, der dort verwendet wird, wo zwei Stoffbrüche aufeinander stoßen, z. B. bei einer Briefecke, oder wo ein Stoffbruch an eine Saumzugabe genäht wird, z. B. beim Einnähen eines Futters.

Sie arbeiten von rechts nach links. Fixieren Sie den Faden auf der linken Stoffseite und stechen Sie in eine der Bruchkanten ein. Stechen Sie nach ca. einem halben Zentimeter wieder aus und unmittelbar in die andere Bruchkante bzw. in die Saumzugabe ein. Fahren Sie abwechselnd so fort, bis die Ecke geschlossen bzw. das Futter angenäht ist.

ÜBERWENDLICHSTICH

Das ist ein kleiner, gleichmäßiger Stich, mit dem zwei aufeinander liegende Stoffbrüche verbunden sowie Bänder, Ringe oder Schleifen angenäht werden können.

Fixieren Sie den Faden auf der linken Stoffseite und stechen Sie vorn unmittelbar an der Kante aus. Führen Sie die Nadel schräg nach links hinten. Stechen Sie am hinteren Stoffbruch ein (fassen Sie einen oder zwei Fäden direkt im Bruch) und am vorderen auf dieselbe Weise wieder aus. Arbeiten Sie auf diese Weise weiter. Achten Sie auf einheitliche Stichgröße und gleichmäßige Abstände.

SAUMSTICH

Mit diesem Stich wird ein eingeschlagener Saum an einer glatten Stofflage angenäht. Er ist auf der rechten Stoffseite so gut wie nicht sichtbar. Gearbeitet wird von rechts nach links, die Nadel wird parallel zur Stichlinie gehalten.

1 Fixieren Sie den Faden auf der Sauminnenseite und stechen Sie aus der Bruchkante aus. Fassen Sie zwei Fäden des direkt darunter liegenden Stoffes.

2 Stechen Sie in die Bruchkante ein und nach ca. einem Zentimeter wieder aus. Fassen Sie am Ausstich wieder zwei Fäden der unteren Stofflage. Nähen Sie auf diese Weise den gesamten Saum an. Achten Sie darauf, den Faden locker zu lassen. Ein zu straffer Faden führt dazu, dass der Stoff auf der rechten Seite zusammengezogen wird.

ZICKZACK-SAUMSTICH

Mit diesem Stich wird der unversäuberte Rand eines einfachen Saums fixiert. Gearbeitet wird von rechts nach links. Dieser Stich wird z. B. für einfache Seitensäume verwendet, an die später ein Futter genäht wird.

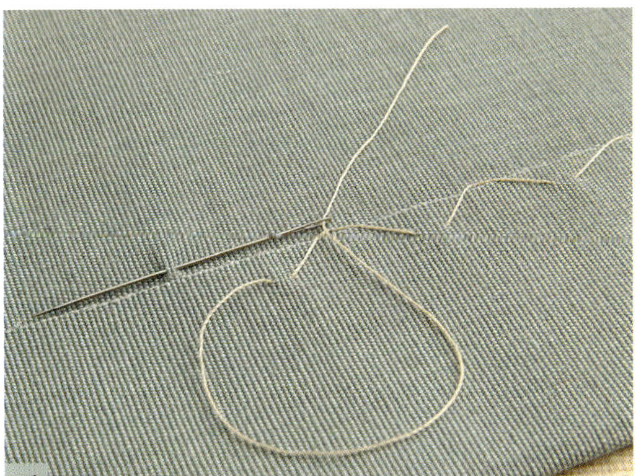

1 Fixieren Sie den Faden auf der Sauminnenseite. Stechen Sie ca. 3 mm vom Rand entfernt nach vorn aus. Führen Sie die Nadel nach links oben und fassen Sie zwei Fäden der unteren Stofflage.

2 Ziehen Sie Nadel und Faden durch und führen Sie die Nadel nach links unten. Machen Sie im gleichen Abstand zum Rand wie zuvor einen kleinen Stich im Saum. Nähen Sie auf diese Weise den gesamten Saum an.

Nähte

Für unsere Projekte sind verschiedene Nähte erforderlich. Die Wahl hängt davon ab, wie schwer und dick der Stoff ist, aber auch davon, an welcher Stelle sich die Naht befindet. Achten Sie immer darauf, ausreichend Stoff für Nahtzugaben einzuplanen, vor allem dann, wenn der Stoff franst. In diesem Fall empfiehlt es sich, die Nahtzugaben zu versäubern, z. B. mit der Maschine mit Zickzackstich oder per Hand mit Überwendlichstich.

EINFACHE NAHT

Das ist die zum Zusammennähen von Stoffbahnen meistgenutzte Naht. Beim Nähen von Vorhängen empfiehlt sich eine Nahtzugabe von zwei Zentimetern, falls in der Anleitung nichts anderes angegeben wird.

1 Steppen Sie die beiden rechts auf rechts liegenden Stoffbahnen an der Nahtlinie zusammen. Sichern Sie Nahtanfang und -ende durch einige Rückstiche. Sie können die Stoffteile natürlich vor dem Nähen zusammenstecken bzw. -heften.

2 Bügeln Sie die Nahtzugaben auf der linken Stoffseite mit einem Dampfbügeleisen auseinander.

FRANZÖSISCHE NAHT

Bei dieser schmalen Doppelnaht werden die Kanten gleichzeitig versäubert. Sie wird vorrangig bei ungefütterten Gardinen aus dünnen, leichten Stoffen oder aus Stoffen, die leicht fransen, eingesetzt.

1 Stecken Sie die beiden Stoffränder links auf links zusammen und steppen Sie die Teile im Abstand von einem Zentimeter vom Rand zusammen. Schneiden Sie die Nahtzugaben auf ca. 5 mm zurück und bügeln Sie sie auseinander.

2 Falten Sie den Stoff so, dass die rechten Seiten aufeinander liegen und die Naht sich direkt im Stoffbruch befindet. Stecken Sie die Lagen einen Zentimeter vom Bruch entfernt zusammen und ziehen Sie in diesem Abstand eine Steppnaht. Diese Naht schließt die Zugaben der ersten Naht ein. Bügeln Sie die fertige Naht auf eine Seite um.

ÜBERLAPPENDE NAHT

Gewebeeinlagen für Vorhänge bestehen aus ziemlich dickem Material. Deshalb näht man Teile am besten mit einer überlappenden Naht zusammen, bei der man eine glatte Oberfläche erhält. Da die zusammengenähte Einlage vollständig in der Dekoration verschwindet, müssen die Nähte nicht versäubert werden.

Legen Sie beide Teile mit der rechten Seite nach oben nebeneinander und schieben Sie einen unversäuberten Rand ca. 1,5 bis 2 Zentimeter auf den anderen. Stecken Sie die beiden Lagen zusammen und verbinden Sie sie mit einer Stepp- oder Zickzacknaht. Schneiden Sie die unversäuberten Ränder ab.

KAPPNAHT

Das ist eine weitere Naht mit gleichzeitiger Versäuberung. Sie wird vor allem bei schwereren Stoffen eingesetzt. Die unversäuberten Ränder werden eingeschlossen. Die Kappnaht ist stärker und flacher als die französische Naht.

1 Stecken Sie die beiden Teile rechts auf rechts zusammen und steppen Sie entlang der Nahtlinie. Sichern Sie Nahtanfang und -ende durch einige Rückstiche. Bügeln Sie die Nahtzugaben auseinander und schneiden Sie eine auf ca. 5 mm zurück.

2 Schlagen Sie die andere Nahtzugabe auf die Hälfte ein und legen Sie sie über den unversäuberten Rand der schmaleren Nahtzugabe. Bügeln Sie die eingeschlagene Nahtzugabe glatt.

3 Stecken Sie die Nahtzugaben fest, stecken Sie die Nadeln dabei im rechten Winkel zur Naht ein. Steppen Sie die Nahtzugaben knapp vor der Bruchkante fest.

VERSCHNEIDEN VON ECKEN

Bevor eine genähte Ecke gewendet wird, müssen die Nahtzugaben beschnitten werden. Überflüssiger Stoff wird entfernt, wodurch die Ecken flacher ausfallen. Den letzten Schliff bekommen sie dann beim Glattbügeln.

1 Schneiden Sie die Nahtzugabe an der Ecke kurz vor der Naht schräg ab, so wie in der Abb. gezeigt. Wenn Sie zu nah an die Naht herankommen, können später ausgefranste Ränder auf der rechten Seite sichtbar werden.

2 Wenn immer noch zu viel Stoff vorhanden ist (vor allem bei dicken Stoffen), schneiden Sie die Nahtzugabe auf beiden Seiten diagonal weiter zurück, so wie in der Abb. gezeigt.

3 Wenden Sie die Ecke und schieben Sie sie mit einem spitzen Gegenstand, z. B. einer Schere, vorsichtig nach außen. Achten Sie darauf, nicht durch die Naht zu stechen.

Säume

Für akkurate Säume ist es wichtig, dass Stoffbahnen ganz gerade zugeschnitten werden. Ein absolut gerader Rand lässt sich problemlos in der nötigen Breite umschlagen und mit einem Dampfbügeleisen umbügeln. Am unteren Rand von Vorhängen wird in der Regel ein Doppelsaum gearbeitet, bei Seitensäumen reicht meist ein einfach umgeschlagener Saum, vor allem dann, wenn ein Futter angenäht wird. Wenn Sie nicht möchten, dass ein Saum auf der Vorderseite sichtbar ist, nähen Sie ihn mit der Hand mit Saumstich an (s. S. 191). Bei weniger formalen Vorhängen und Gardinen können Sie Säume auch mit der Maschine absteppen.

GEWICHTE

Es ist empfehlenswert, in den Saum von Vorhängen Gewichte einzunähen, vor allem dann, wenn es sich um bodenlange Vorhänge handelt. Die Gewichte ziehen den Stoff nach unten, halten die Säume gerade und sorgen so insgesamt dafür, dass die Vorhänge besser hängen. Die Gewichte werden in die Ecken eingenäht, dazu kommt ein Gewicht pro Verbindungsnaht, wenn mehrere Stoffbahnen zusammengenäht wurden.

1 Schneiden Sie aus Kaliko zwei Quadrate zu, die ca. zwei Zentimeter größer sind als der Durchmesser des Gewichts. Stecken Sie die Quadrate an drei Seiten zusammen.

2 Steppen Sie die Quadrate mit der Maschine an den drei zusammengesteckten Seiten aufeinander. Schieben Sie ein Gewicht hinein und schließen Sie die Tasche mit einer Steppnaht.

TIPPS

- Sie können runde oder viereckige Vorhanggewichte kaufen. Die runden haben oft zwei Löcher in der Mitte (sie ähneln daher einem Knopf), sodass sie auch direkt an den Vorhangstoff genäht werden können. Ordentlicher wird es mit einer kleinen Tasche, die das Gewicht aufnimmt und dann mit Staffierstich an den unteren Saum genäht wird.
- Sie können auch Bleiband kaufen. Das ist eine Art Kette, die meterweise verkauft wird. Bleiband eignet sich vor allem für Dekorationen aus leichten, dünnen Stoffen. Das Bleiband wird über die gesamte Breite in den Saum eingearbeitet und in regelmäßigen Abständen mit einem Handstich fixiert.

BRIEFECKEN

Die Briefecke ist die edelste Art der Verarbeitung, wenn zwei Säume an einer Ecke aufeinander treffen. Sie ist schön flach und sieht gut aus.

1 Bügeln Sie an beiden Seiten die angegebenen Saumzugaben um.

2 Klappen Sie die Säume wieder auf. Schlagen Sie die Ecke so um, dass die Bruchlinien aufeinander treffen und die Diagonale genau im Kreuzungspunkt der beiden inneren Linien verläuft. Bügeln Sie den diagonalen Stoffbruch ein.

3 Schlagen Sie den Seitensaum wieder um und stecken Sie ein Vorhanggewicht (s. vorhergehende Seite) am Ende des Saums fest. Nähen Sie das Gewicht mit der Hand an. Schlagen Sie den ersten Umschlag des unteren Saums wieder auf die linke Seite um.

4 Schlagen Sie den unteren Saum an der zweiten Bruchlinie auf die linke Seite um. Das Gewicht wird eingeschlossen. Stecken Sie die diagonal aneinander stoßenden Bruchkanten der Briefecke fest. Jetzt können Sie die Säume annähen.

Keder

Für einen Keder wird eine weiche Schnur in einen schmalen Stoffstreifen eingenäht. Der Keder wird mit einer Naht gefasst, er dient als Schmuckelement, verstärkt aber gleichzeitig auch die Naht. Waschen und trocknen Sie nicht vorgewaschene Schnur bei hoher Temperatur, damit sie später nicht eingeht. Kederschnur ist in verschiedenen Durchmessern erhältlich, am häufigsten wird Schnur mittlerer Größe verwendet.

ZUSCHNITT UND VERBINDEN VON KEDERSTREIFEN

Wenn der Keder in gerader Linie verlaufen soll, schneiden Sie die Stoffstreifen im Fadenverlauf parallel zur Webkante zu. Schneiden Sie auch Streifen aus gestreiftem Stoff so zu, wenn die Streifen am Keder waagerecht verlaufen sollen. Wenn der Keder allerdings um Ecken oder Bögen geführt wird, müssen die Streifen schräg zugeschnitten werden (im 45°-Winkel zu den längs und quer verlaufenden Fäden). Dadurch ist der Streifen später gut dehnbar und passt sich dem Kantenverlauf an. Sie schneiden also schräg zum Fadenverlauf zu.

1 Für den richtigen Winkel legen Sie am oberen unversäuberten Rand der Stoffbahn, der von Webkante zu Webkante verläuft, eine Ecke zu einem rechtwinkligen Dreieck um. Bügeln Sie den Stoffbruch ein und schneiden Sie die Ecke in der Bruchlinie ab.

2 Zeichnen Sie mit Schneiderkreide parallel zur Schnittkante verlaufende Linien. Der Abstand entspricht der errechneten Breite der Streifen. Legen Sie dafür das Maßband um die Schnur und rechnen Sie die Nahtzugaben dazu (s. Angaben im Projekt). Sie können auch einen Stoffrest straff um die Schnur legen, feststecken, die Nahtzugabe von der Nadel an dazurechnen und schneiden.

3 Wenn Sie den Streifen aufklappen, können Sie die Breite messen. Schneiden Sie die Streifen an den Kreidelinien entlang zu. Verwenden Sie dazu eine Schere oder einen Rollschneider (dann brauchen Sie noch ein Lineal und eine Unterlage). Schneiden Sie so viele Streifen zu, wie Sie für die zu dekorierende Kante benötigen.

4 Schneiden Sie die Enden der Streifen im 45°-Winkel ab. Legen Sie zwei Streifen wie oben gezeigt rechts auf rechts aufeinander und nähen Sie die Enden mit 6 mm Nahtzugabe zusammen.

5 Bügeln Sie die Nahtzugaben auseinander. Schneiden Sie die überstehenden Ecken ab, sodass die Nahtzugaben mit den Rändern des Streifens abschließen.

VERBINDEN VON SCHNURENDEN

Wenn der Keder eine umlaufende Kante verziert, müssen die Schnurenden verbunden werden.

Hinweis: Damit Sie sehen, wie die Enden verbunden werden, wurde der Keder für diese Fotos (rechts) nicht angeheftet.

1 Nachdem Sie den Keder auf die rechte Seite des Stoffes geheftet haben, öffnen Sie dort, wo die Enden zusammenkommen, die Maschinennaht an beiden Seiten auf ca. 5 cm Länge. Klappen Sie den Stoff auf und schneiden Sie die Schnurenden so ab, dass sie genau aneinander stoßen. Verbinden Sie die Enden durch Umwickeln mit Zwirn.

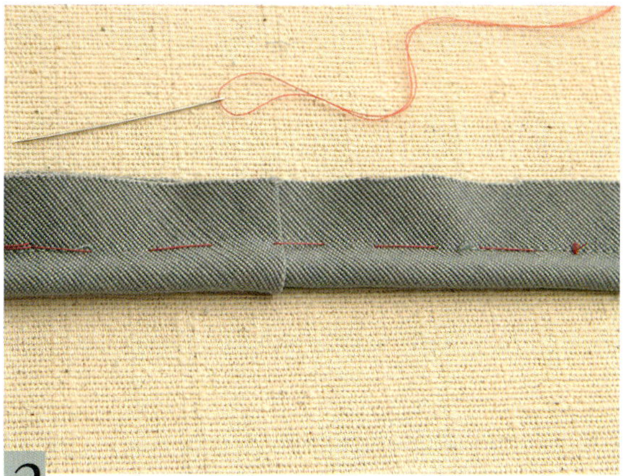

2 Versäubern Sie ein Ende, indem Sie die Schmalseite 1 cm umschlagen. Schieben Sie dieses Ende unter das andere, unversäuberte Ende. Heften Sie den Streifen wieder zusammen, sodass die Schnur vollständig eingeschlossen ist. Arbeiten Sie weiter, wie in den einzelnen Projekten beschrieben.

EINNÄHEN DER KEDERSCHNUR

1 Legen Sie die Kederschnur auf die linke Seite des Stoffstreifens. Bringen Sie die Längsseiten des Streifens zusammen und stecken Sie die Ränder zusammen. Die Schnur wird eingeschlossen.

2 Nähen Sie die Kederschnur mit der Maschine ein. Verwenden Sie dazu den Reißverschlussfuß und ziehen Sie die Naht so eng wie möglich an der Schnur.

KEDER AN ECKEN UND BÖGEN

Stecken und heften Sie den Keder an die rechte Seite des Stoffteils. Die unversäuberten Ränder liegen genau übereinander und die Schnur zeigt nach innen. Schneiden Sie die Nahtzugabe des Keders ein, wenn Sie an eine Ecke kommen. Achten Sie darauf, nicht zu nah an die Naht heranzukommen. Legen Sie den Keder um die Ecke und heften Sie weiter.

Wenn sich der Keder in einer sanften Rundung an eine Bogenkante anpassen soll, schneiden Sie die Nahtzugabe in regelmäßigen Abständen ein.

Schleifenbänder

Schmale Stoffbänder, die zu Schleifen gebunden werden, sind eine hübsche Alternative zu einer eher formalen Aufhängung. Sie eignen sich besonders für einfache Vorhänge, die ganz zwanglos an einer Stange hängen. Beispiele sind die Projekte auf S. 22 und 36.

ANFERTIGUNG VON SCHLEIFENBÄNDERN

Diese schmalen Stoffbänder werden wie Schrägstreifen zugeschnitten und gefaltet und dann zusammengenäht.

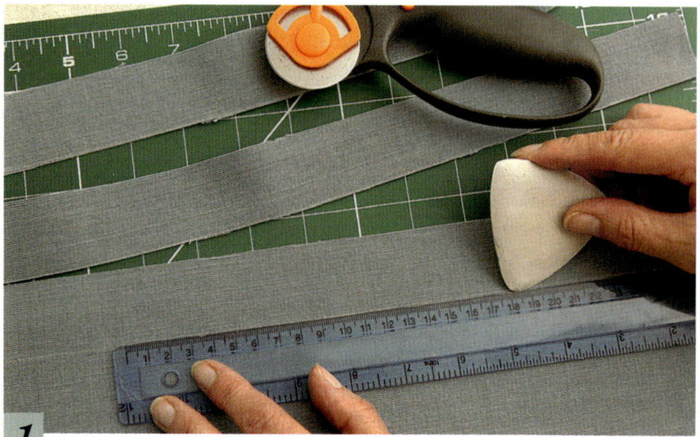

1 Die Streifen werden quer im Fadenverlauf zugeschnitten. Ziehen Sie parallel zum oberen Rand der Stoffbahn verlaufende Linien. Multiplizieren Sie für den Abstand die Breite, die das fertige Band haben soll, mal vier. Schneiden Sie so viele Streifen zu, wie für die Gesamtlänge der Bänder erforderlich ist, und nähen Sie die Stücke zu einem langen Streifen zusammen.

2 Falten Sie den Streifen links auf links längs zusammen und bügeln Sie den Stoffbruch ein. Öffnen Sie den Streifen wieder und schlagen Sie die langen unversäuberten Ränder so auf die linke Stoffseite um, dass sie genau mit der Bruchlinie abschließen. Bügeln Sie die Stoffbrüche ein. Achten Sie darauf, dass Sie sich nicht die Finger verbrennen.

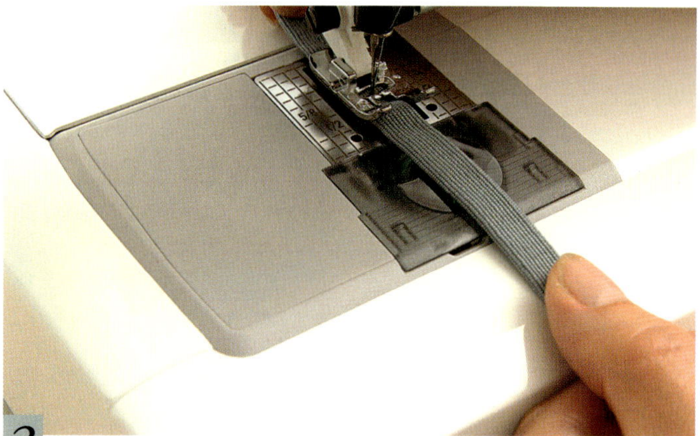

3 Falten Sie den Streifen noch einmal längs zusammen, indem Sie die Bruchkanten aufeinander legen. Die unversäuberten Ränder werden vollständig eingeschlossen. Stecken Sie die Bruchkanten zusammen und steppen Sie sie mit der Maschine ab. Schneiden Sie die Bänder in der erforderlichen Länge zu. Versäubern Sie die Schmalseiten, indem Sie den Stoff in das Band schieben und festnähen.

ANFERTIGUNG VON SCHLAUFEN

Schlaufen werden aus Stoffstreifen angefertigt, die auf der linken Seite zusammengenäht und dann gewendet werden. Auf der Vorderseite der Schlaufen sind keinerlei Nähte sichtbar.

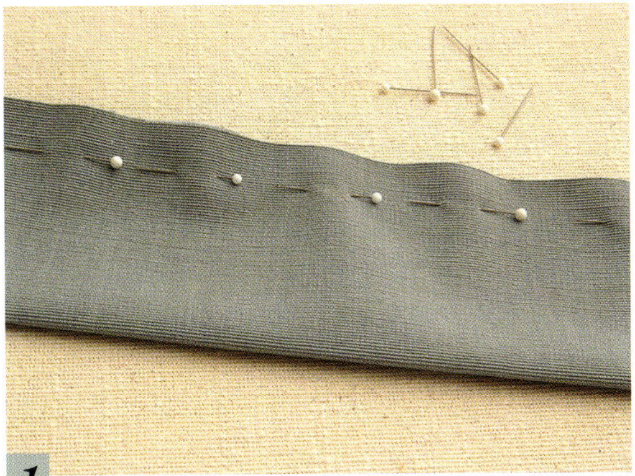

1 Schneiden Sie die Streifen für die Schlaufen in der Größe zu, die in den einzelnen Projekten angegeben ist. Falten Sie den Streifen links auf links längs zusammen. Stecken Sie die offene Längsseite zusammen. Steppen Sie den Streifen mit 1,5 cm Nahtzugabe mit der Maschine zusammen, sodass sich ein Schlauch bildet.

2 Falten Sie den Schlauch so, dass die Naht oben in der Mitte liegt. Bügeln Sie die Nahtzugaben auseinander.

3 Drehen Sie den Schlauch auf rechts und bügeln Sie die Schlaufe in Form. Achten Sie darauf, dass die Naht immer noch in der Mitte der einen Seite verläuft.

BERECHNUNG DER ANZAHL BEI BÄNDERN UND SCHLAUFEN

Wenn Sie berechnen, wie viele Bänder oder Schlaufen Sie für Ihre Dekoration benötigen, legen Sie die Breite des fertigen Vorhangs und die in den einzelnen Projekten angegebenen Abstände zugrunde. Teilen Sie die Breite durch den Abstand und rechnen Sie noch eine Schlaufe zusätzlich dazu.

Beispiel: Für einen 150 cm breiten Vorhang mit einem Schlaufenabstand von 20 cm kommt man auf den Quotienten 7,5. Wenn Sie diese Zahl auf sieben volle Schlaufenabstände abrunden, brauchen Sie acht Schlaufen. Wenn Sie die Zahl auf acht volle Schlaufenabstände aufrunden, brauchen Sie entsprechend neun Schlaufen. Ob Sie auf- oder abrunden, hängt davon ab, ob Sie die Schlaufen oder Bänder lieber etwas enger oder lieber etwas weiter auseinander hätten.

Schrägstreifen

Das ist ein schräg, d. h. im 45-Grad-Winkel zum Verlauf der Kett- und Schussfäden, zugeschnittener Streifen. Er wird auf die Hälfte zusammengefaltet und ist eine dekorative Kanteneinfassung, z. B. an Raffhaltern. Richten Sie sich nach Schritt 1 in Zuschnitt und Verbinden von Kederstreifen auf S. 196, um die Zuschnittrichtung zu ermitteln. Ziehen Sie parallel zur schrägen Schnittlinie verlaufende Kreidelinien. Der Abstand entspricht in der Regel dem Vierfachen der Breite der fertigen Einfassung. Schneiden Sie so viele Streifen zu, wie Sie für die gesamte Kante benötigen.

SCHRÄGSTREIFEN HERSTELLEN

1 Nähen Sie die Streifen zusammen, wie in Schritt 4 und 5 in Zuschnitt und Verbinden von Kederstreifen beschrieben. Falten Sie den Streifen links auf links längs zusammen und bügeln Sie den Stoffbruch ein.

2 Öffnen Sie den Streifen wieder und schlagen Sie die langen unversäuberten Ränder so auf die linke Stoffseite um, dass sie genau mit der Bruchlinie abschließen. Bügeln Sie die Stoffbrüche ein. Achten Sie darauf, dass Sie sich nicht die Finger verbrennen.

Flämische Falten

Flämische Falten sind ein formaler, eleganter Abschluss für Vorhänge, für den viel Stoff benötigt wird. Der Stoff wird in regelmäßigen Abständen zusammengenommen, wobei Zweier- oder Dreierfalten genäht werden können.

BERECHNUNG DER ZWISCHENRÄUME BEI FLÄMISCHEN FALTEN

- Breiten Sie die genähte Vorhangbahn aus und messen Sie ihre Breite. Ziehen Sie die Breite der fertigen (d. h. gefalteten) Bahn ab. Die Differenz steht für die Falten zur Verfügung. Lassen Sie an den Seiten jeweils 8,5 cm Abstand zwischen Kante und erster Falte, damit sich die Vorhänge später überlappen können oder um eine am Ende gebogene Schiene geführt werden können.
- Als Faustregel gilt, dass pro Stoffbahn vier Falten gerechnet werden. Teilen Sie das Maß des für die Falten zur Verfügung stehenden Stoffes durch die errechnete Gesamtzahl der Falten, um auf die Breite der einzelnen Falten zu kommen.
- Am fertigen Vorhang haben Sie später eine Falte mehr als Zwischenräume (die Abstände zu den Seitenrändern werden nicht mit gezählt). Wenn ein Vorhang z. B. aus zwei Stoffbahnen besteht, wird der Abschluss aus acht Falten und sieben Zwischenräumen bestehen. Die beiden Seitenränder sind jeweils 8,5 cm breit.
- Um die Größe der Zwischenräume zu berechnen, ziehen Sie von der Breite des fertigen Vorhangs die 16 cm für die Seitenränder ab und teilen die Differenz durch die Zahl der Zwischenräume (in diesem Beispiel durch 7).

Raffhalter

Um die Länge für Raffhalter zu ermitteln, legen Sie ein Maßband um den Vorhang, den Sie so zusammengenommen haben, wie Sie es später auch haben wollen. Rechnen Sie pro Seite noch ca. 2,5 cm dazu, damit Ringe bzw. Haken zum Befestigen des Raffhalters angenäht werden können.

ANFERTIGUNG EINER SCHABLONE

- Geschwungene Raffhalter, die von der Mitte aus nach oben verlaufen, sehen elegant aus.
- Die Höhe des Mittelabschnitts ist eine Geschmacksfrage, sie kann zwischen 7,5 und 20 cm liegen. Von dieser mittleren Partie gehen die nach oben geschwungenen Linien aus. Die kurzen Seiten können flach, spitz zulaufend oder abgerundet sein. Schneiden Sie verschiedene Formen aus. Schablone an die Vorhänge halten, um zu sehen, wie die Form wirkt.
- Falten Sie für die endgültige Schablone ein Stück Papier auf die Hälfte der Raffhalterlänge zusammen. Der Bruch entspricht der Mittellinie, so wird garantiert, dass beide Hälften genau gleich sind. Zeichnen Sie die gewünschte Form auf und schneiden Sie die Schablone aus. Falten Sie die Schablone auseinander und überprüfen Sie noch einmal am Vorhang, ob Ihnen Form und Größe wirklich gefallen.

Schablonen

Wenn Sie eine Gardine, ein Rollo oder eine Blende mit einer Formkante versehen wollen, brauchen Sie eine Schablone. Damit stellen Sie sicher, dass alle Kantenelemente wirklich gleich groß sind, außerdem können Sie schon vor dem Zuschneiden überprüfen, ob Ihnen die Kantenform insgesamt wirklich gefällt. Die Schablone dient als Muster und verhindert Fehler beim Zuschneiden des Stoffes.

BOGENKANTE AM UNTEREN RAND

Siehe Panel mit Bogenkante auf S. 102.

- Zeichnen Sie auf Papier einen Streifen auf, dessen Maße denen der Formblende am unteren Rand des Vorhangs entsprechen. Berechnen Sie dabei Naht- und Saumzugaben nicht mit ein, beim Projekt Panel mit Bogenkante auf S. 102 wären das also 4 cm für Seitensäume und 3 cm für oben und unten.
- Legen Sie die Breite der fertigen Bögen fest, sie sollte zwischen 7,5 und 10 cm liegen. Eine gute Hilfestellung beim Zeichnen der einzelnen Bögen gibt ein Glas oder Trinkbecher. Messen Sie den Durchmesser des Glases und dividieren Sie die Länge der Blende durch dieses Maß. So erhalten Sie die Anzahl der Bögen. Beispiel: Ein Glasdurchmesser von 9 cm und eine Blendenbreite von 150 cm (fertiger Vorhang) ergibt etwa 17 Bögen.
- Ziehen Sie auf der Papierschablone eine Bleistiftlinie, die im Abstand des halben Glasdurchmessers (Radius) parallel zum unteren Rand verläuft. Eine Bogenkante beginnt und endet normalerweise mit einem halben Bogen (oder einem so nah wie möglich an die Hälfte herankommenden Bogen, je nachdem, was Ihre Maße hergeben). Markieren Sie die Bögen auf der Bleistiftlinie, an den Seiten je einen halben Durchmesser und volle Durchmesser dazwischen. Passen Sie die Größe des Anfangs- und Endelements an Ihre konkreten Maße an, wenn das nötig ist.
- Nutzen Sie das Glas als Schablone und zeichnen Sie seine Umrisse zwischen zwei Markierungspunkten und dem unteren Rand nach. Schneiden Sie die Bogenschablone aus.

BOGENKANTE ALS AUFHÄNGUNG

Siehe Vorhänge im Kaffeehaus-Stil auf S. 76.

- Zeichnen Sie auf Papier einen Streifen auf, dessen Maße denen der Formblende am oberen Rand des Vorhangs entsprechen. Berechnen Sie dabei Naht- und Saumzugaben nicht mit ein, beim Projekt Vorhänge im Kaffeehaus-Stil auf S. 76 wären das also 2 cm für die Seiten und 3 cm für oben und unten.
- Die Größe der Bögen hängt von der Breite des Vorhangs ab, im Durchschnitt sollte ein Bogen 10 cm breit sein, der Stoff dazwischen ca. 6 cm. Die Anzahl der Bögen errechnen Sie wie folgt: Dividieren Sie die Breite des fertigen Vorhangs durch das Maß aus Bogenbreite plus Breite eines Stoffstreifens. In unserem Fall wären das 16 cm. Sie brauchen einen Stoffstreifen mehr als Bögen, da sich an den Enden jeweils Stoff befindet.
- Die Bogenform entspricht einem Halbkreis, ein Glas oder Trinkbecher mit dem richtigen Durchmesser ist also eine gute Hilfe beim Zeichnen der Bögen. Andernfalls zeichnen Sie einen entsprechend großen Kreis auf Karton und schneiden ihn aus. Ziehen Sie auf der Papierschablone eine Bleistiftlinie, die im Abstand von 17,5 cm parallel zum oberen Rand verläuft. Markieren Sie die Position und Breite der Bögen und Stoffstreifen am oberen Rand der Schablone. Beginnen und enden Sie mit einem Stoffstreifen.
- Markieren Sie dieselben Positionen auch auf der unteren Linie. Verbinden Sie die Punkte mit senkrechten Linien. Benutzen Sie das Glas oder den Kartonkreis als Schablone zum Einzeichnen der Bögen. Platzieren Sie die Schablone zwischen zwei senkrechten Linien, unten schließt der Rand mit der Bleistiftlinie ab. Ziehen Sie den Halbkreis nach, um die Bogenform zu erhalten. Zeichnen Sie auf diese Weise alle zwischen den Stoffstreifen befindlichen Bögen ein. Schneiden Sie die Bogenschablone aus.

Quellen

Für die Projekte verwendete Stoffe

S. 22 – 25 Schleifen-Vorhänge
Altes französisches Leinen

S. 26 – 29 Einfache ungefütterte Vorhänge
Altes französisches Leinen. Stange: Copes and Timmins. Kissenstoff von Cabbages and Roses.

S. 30 – 35 Vorhänge mit Kontrastfutter
Dekostoff: Mischgewebe Cockerel and Spot, Straw/Duck-egg/Raspberry, von Vanessa Arbuthnott; Futterstoff: Baumwolldrell, Peony, von Ian Mankin. Variation S. 35: Biggie Best.

S. 36 – 39 Dachfenster-Vorhänge
Dekostoff: Mischgewebe Parterre, Cornflower/Cranberry; Futterstoff: Mischgewebe Polka Dot Check, Cranberry/Sea pink, beide von Vanessa Arbuthnott.

S. 40 – 43 Vorhänge mit aufgenähten Streifen
Dekostoff: Mischgewebe Seaweed and Shells, Forget-me-not; Gestreifter Stoff: Mischgewebe Deckchair Stripe, Forget-me-not/Denim, beide von Vanessa Arbuthnott. Variation S. 43: Borte von V.V. Rouleaux.

S. 44 – 49 Vorhänge mit Bordüre
Vorhangstoff: Trellis, Blue; Bordüre: Tyrone, Wedgwood. Variation S. 49: Vorhangstoff: Turquoise plain dye; Bordüre: Haven Stripe, Blue. Alle von Elanbach.

S. 50 – 55 Vorhänge mit Flämischen Falten
Gulba 01 von Malabar. Variation S. 55: Vorhang, Polsterstoff, Kissenbezug und Lampenschirm von Kate Forman.

S. 56 – 61 Vorhänge mit Flämischen Falten und Bordüre
Vorhangstoff: Mischgewebe Out and About, Lettuce; Bordüre: Mischgewebe Dotty, Lettuce, beide von Vanessa Arbuthnott. Variationen: S. 60 Wilman, S. 61 Laura Ashley.

S. 62 – 67 Vorhänge mit Rüschenkante
Indian Organza, Gold Book, von Malabar.

S. 70 – 75 Zweifarbiger Vorhang
Dekostoff: Bamboo, Chalk; Kontrastfarbener Stoff: Bamboo, Clay, beide von Malabar.

S. 76 – 79 Vorhänge im Kaffeehaus-Stil
Gingham-Karo in Grün von Jane Churchill.

S. 80 – 83 Ösen-Vorhänge
Drell, Stone/Red, von Cath Kidston. Stange: Swish.

S. 84 – 87 Vorhänge mit geriehenem Tunnel
Leinen Cameo Rose von Kate Forman; Pomponborte von V.V. Rouleaux. Variation S. 87: Pret A Vivre.

S. 88 – 91 Schlaufen-Vorhänge mit Bordüre
Fertigvorhang aus Frankreich. Variation S. 91 Laura Ashley.

S. 94 – 99 Stores mit Umschlag
Shot Cotton, Jade, von Rowan. Variation S. 99: Shot Cotton, Blush, von Rowan, Perlen von Ells & Farrier.

S. 102 – 107 Panel mit Bogenkante
Indian Muslin, Ivory Book, von Malabar. Variation S. 107 Luxaflex.

S. 108 – 111 Wickel-Store mit Bändern
Shanti, Rice, von Malabar.

S. 112 – 113 Musselin-Stores mit Umschlag
Variation S. 113 Walcot House.

S. 114 – 117 Gestreifter Store mit Schlaufen
Akuti, 05, von Malabar. Variation S. 117: Fertigdekoration von Breeze.

S. 118 – 119 Drapierter Bogen
Ranga, 03, von Malabar.

S. 120 – 123 Scheibengardinen
Baumwollstoff, Ginghamkaro gelb/weiß, von John Lewis.

S. 126 – 131 Ungefüttertes Wickelrollo
Ziro, 27, von Malabar.

S. 132 – 137 Ungefüttertes Faltrollo
Cloche, Pink, von Elanbach. Stange: Copes and Timmins.

S. 138 – 143 Gefüttertes Faltrollo
Jellabee, 02, von Malabar. Variation S. 143 Laura Ashley.

S. 144 – 147 Legeres Raffrollo
Altes französisches Leinen. Variation S. 147:

Dekostoff: Shanti, Rice; Kontrastkante: Shanti, Capsicum, beide von Malabar.

S. 148 – 153 Gefüttertes Wickelrollo
Dekostoff: Patchwork Prairie; Kontrastierender Stoff: Denim blue, beide von Baer and Ingram. Variation S. 153: Dekostoff: Baumwolle Dandelion Trellis, Forget-me-not/Cornflower; Futterstoff: Baumwolle Stripe and Wiggle, Sky blue/Denim, beide von Vanessa Arbuthnott.

S. 156 – 161 Weiche Stoffblende
Leinen Trellis, blue, von Elanbach. Variationen: S. 160 Wilman, S. 161 Kate Forman.

S. 162 – 165 Geriehener Querbehang
Wallgarden von Elanbach. Variation S. 165 Pret A Vivre.

S. 166 – 169 Zickzack-Querbehang
Gingi, 13, von Malabar.

S. 170 – 173 Wattierte Blende
Dekostoff: Baumwolle Stripe and Wiggle, Sky blue/Denim; Futterstoff: Baumwolle Dandelion Trellis, Forget-me-not/Cornflower, beide von Vanessa Arbuthnott.

S. 176 – 179 Raffhalter aus Stoff
Blue Roses von Kate Forman. Variation S. 179 Laura Ashley.

S. 180 – 183 Raffhalter zum Binden
Dekostoff: Rowan Stripe, 02; Kontrastierender Dekostoff: Shot Cotton, Lime; Schrägstreifen: Shot Cotton, Jade, alle von Rowan. Variation S. 183 Malabar.

Anbieter

Angel + Blume
www.angelandblume.com

Baer and Ingram
www.bear-ingram.com

Biggie Best UK
www.biggiebest.com

Breeze
www.breeze.uk.com

Cabbages and Roses
www.cabbagesandroses.com

Cath Kidston
über Designers Guild
www.designersguild.com

Coats Crafts UK
www.coatscrafts.co.uk

Copes and Timmins
www.copes.co.uk

Elanbach
www.elanbach.com

Ells & Farrier
www.creativebeadcraft.co.uk

Husqvarna Viking
www.husqvarnaviking.com

Ian Mankin
keine Internetseite, Tel: 00 44-20-77 22 09 97

Jane Churchill
keine Internetseite, Tel: 00 44-20-88 77 64 00

John Lewis
www.johnlewis.com

Kate Forman
www.kateforman.co.uk

Laura Ashley
www.lauraashley.com

Llangoed Hall
www.llangoedhall.com

Luxaflex
www.luxaflex.com

Malabar
www.malabar.co.uk

Pret A Vivre
www.pretavivre.com

Rowan
www.knitrowan.com

Rufflette
www.rufflette.com

Swish
www.polesdirect.com

Vanessa Arbuthnott
www.vanessaarbuthnott.co.uk

V.V. Rouleaux
www.vvrouleaux.com

Walcot House
www.walcothouse.com

Wilman
www.wilman.co.uk

Bildnachweis

S. 12 Biggie Best; S. 13 links Biggie Best, rechts Biggie Best; S. 14 Laura Ashley; S. 15 Laura Ashley; S. 16 oben links Wilman, oben rechts Biggie Best, unten Biggie Best; S. 17 unten links Simon Whitmore; S. 18 links und rechts Biggie Best; S. 19 links und rechts Biggie Best.

Stichwortverzeichnis

Fett gedruckte Seitenzahlen verweisen auf Fotografien.

Danksagung der Autorinnen

Wir bedanken uns bei allen, die dafür gesorgt haben, dass dieses Buch entstehen konnte – ohne sie hätten wir es nicht geschafft!

Unser Dank gilt dem außergewöhnlichen Fotografen Mark Scott, der sich mit den wunderbar leichten und luftigen Bildern selbst übertroffen hat; Alicia Clarke und Rachel Whiting, die geduldig Hunderte Schritt-für-Schritt-Fotos für die Anleitungen anfertigten; Gaye Hawkins, die alle Arbeitsschritt für uns durchführte und so hart gearbeitet hat, damit zum Fototermin immer alles fertig war; Jane Bolsover, die aus unserem groben Entwurf gut verständliche und leicht nachvollziehbare Anleitungen machte; Redakteurin Gillian Haslam, die Steine aus dem Weg räumte und alle beruhigte, wenn es hektisch wurde; Herausgeberin Cindy Richards, ohne deren Anregung das Buch überhaupt nicht entstanden wäre; und unserer Assistentin Lily Hutton, die uns mit zahllosen Tassen Tee aufrecht erhielt.

Ein ganz besonderes Dankeschön geht auch an alle, die uns in ihren wunderschönen Häusern fotografieren ließen und sich nie beschwerten, auch wenn wir das totale Chaos verursachten:
Eva Johnson, Joanna White, Vanessa Arbuthnott, Kate Forman, Christine Smith, Anne Bannell, Lizzie Hutton, Carol Gregory, Lisa Kirkham und dem gesamten Personal von Llangoed Hall, das uns so liebevoll umsorgte, als wir dort wohnten.

Wir bedanken uns bei allen, die uns Stoffe, Produkte und Fotos für Projekte, Variationen und Arbeitsschritte liehen oder schenkten: Emma Birch bei Malabar, Vanessa Arbuthnott, Kate Forman, Rowan, Cabbages and Roses, Baer and Ingram, Jane Churchill, Ian Mankin, Cath Kidston, Laura Ashley, Biggie Best, Wilman, Rufflette, Walcot House, Husqvarna Viking für die Bereitstellung der phantastischen Nähmaschine vom Typ Quilt Designer, Copes and Timmins, Swish, V.V. Rouleaux, Pret A Vivre, Elle & Farrier sowie Coats Crafts UK.